KB253330

기도응답 받는 방법에 대한 이야기

나는
기도응답을
100% 받고 있다.

기도응답 받는 방법에 대한 이야기

나는 기도응답을 100% 받고 있다.

오유식 목사 저

기도응답은 따 놓은 당상이다.
단 당신이 지금 하고 있는 기도의 방법만 바꾼다면 당신은 이제
죠지 뮬러 보다 더 많은 응답을 받기 시작 할 것이다.

엘 맨

제가 이 책을 쓰게 된 것은 찰스캡스의 하늘 문을 여는 믿음의 기도라는 책을 통하여 케네스 해긴 목사님을 만나면서 부터입니다. 그래서 이 책의 여러 부분에 있어서 케네스 해긴 목사님의 책을 참고했음을 먼저 밝히는 바입니다.

저도 불과 2003년 11월까지만 해도 기도해도 응답을 거의 받지 못했습니다. 그래서 저 자신을 다른 사람에게 소개할 때 "하나님은 저를 서자로 취급하나 봅니다"라고 소개 할 정도로 어려움을 많이 겪었고 응답도 받지 못했었습니다. 그러나 2003년 12월 이후 기도의 방법을 바꾸고 나서부터는 달라졌습니다. 기도만 하면 응답을 받았고, 말만하고, 생각만 해도 응답을 받게 되었습니다. 이 책을 보시는 분들에게 부탁 드리기는 이 책에서 제시하는 방법대로 지속적으로 기도만 하신다면 자신하건 대 지금부터는 만족할 만큼 기도 응답을 받으실 수 있으실 것입니다.

제가 이 책을 쓰리라고는 생각조차 하지 못했었습니다. 또한 기도응답전문학교를 하리라고는 생각조차 하지 못했습니다. 그러나 어느 목사님과 이야기하는 도중 제가 기도응답을 많이 받는 것을 아시고 한번 기도에 관한 내용을 다루어 성경공부를 해 보라 하셔서 기도응답전문학교를 운영하게 되었고 또한 국민일보를 보신 분들 중에 책으로 출간해 달라는 부탁도 있고 해서 이렇게 책으로 출간하게 되었습니다. 이 책은 원래 기도응답 전문학교에서 강의한 내용을 녹음 편집하여 기록한 책입니다. 그래서 때로는 내용이 다소 매끄럽지 못한 부분도 있을 수 있사오니 많은 양해 부탁 드립니다.

이렇게 책으로 출간할 수 있도록 역사 하신 하나님께 진심으로 감사를 드립니다. 또한 출판을 위해 헌금해 주신 분들과 녹음한 것을 녹취한 조카 은호와 원고를 교정해 주신 김갑선 목사님과 최희승 목사님과, 이동세 목사님과 그리고 아내에게 진심으로 감사드립니다. 원래 기도 응답 전문학교에서는 강의 내용이 이 책의 내용보다 더 많이 진행이 됩니다. 그중 본 권에서는 반정도만 다루었고 2권과 3권과 4권과 5권에서는 이 책에서 다루지 않은 내용들을 더 다루고 있습니다. 뿐만 아니라 퍼즐 흐레마 성경 전문학교에서 나온 6권, 7권, 8권, 9권, 10권, 11권을 보시면 성경을 깊이 이해하시는데 많은 도움이 되실 것입니다.

오유식 목사

| 차례 |

| 제1장 | 기도응답은 기도로 받는 것이 아니라 믿음으로
           받는 것이다 / 8

| 제2장 | 믿음과 진리에 대하여 / 20

| 제3장 | 믿음이란 무슨 뜻일까? / 30

| 제4장 | 믿음은 내 것이다 / 34

| 제5장 | 믿음은 전능 한 것이며 불가능이 없는 것이다 / 56

| 제6장 | 종합기도를 해야 응답을 받는다 / 64

| 제7장 | 환상 기도 / 90

| 제8장 | 첫 사랑 기도 / 106

| 제9장 | 헌신 기도 / 120

|제10장| 바디랭귀지 기도 / 130

|제11장| 축사 기도 / 140

|제12장| 영적요소를 제거하기 위해서는 천사의

　　　　도움을 받아야 한다 / 158

|제13장| 동행의 원리 / 172

|제14장| 레마에 대하여 / 188

|제15장| 말씀을 굳게 잡아야 기도응답을 받을 수 있다 / 214

|제16장| 감사 기도 / 244

|제17장| 선포 기도 / 264

제1장

기도응답은 기도로 받는 것이 아니라 믿음으로 받는 것이다

　이 책을 보시기 전에 저의 책 "기도응답은 만들어 받는 것이다", "임재기도의 힘, 생각해도 응답 받는다", "성령을 이해하면 당신도 환상과 예언을 할 수 있다", "이젠 돈걱정 끝"이라는 책과 "부자들의 이야기, 그들은 이렇게 해서 부자가 되었다"와 "한국의 탈무드"라는 책과 "삼위일체와 예수"와 "다가온 종말론"과 "성경 보는 눈을 열어 주는 창세기"와 "여섯 가지 영적 존재"와 "암과 아토피와 성인병은 더 이상 불치병이 아니다"라는 책을 먼저 읽어 보셨으면 합니다. 그러면 기도응답을 받는데 많은 도움을 받을것이며, 성경을 아주 깊이 이해 할수 있기 때문입니다.

　또한 퍼즐 흐레마 성경 전문학교 다음 카페인 http://cafe.daum.net/dhbsik 으로 들어오시면 그 동안 강의한 내용뿐 아니라 성경을 30독 100독을 하지 않아도 성경에 나와 있는 단어만 바로 알면 성경을 6개월 안에 소화해 낼 수 있는 강의 내용의 일부가 공개되고 있고, 특별히 기도응답 전문학교를 인터넷 사이버 상으로

할 수 있도록 해 놓았습니다. 말씀의 전문가가 되고 싶거나, 기도
응답 전문학교에 관심이 있으신 분은 한번 방문하시면 좋을 것 같
습니다.

1. 그러면 기도라는 것은 무엇입니까?

우리는 기도응답을 기도로 받는 것으로 압니다. 우리가 기도응
답을 기도로 받으려 했기 때문에 많은 시간을 기도로 허비했고 많
은 시간을 기도 시간으로 보냈습니다. 기도응답을 기도로 받으려
했기 때문에 주님이 금지한 중언 부언 기도를 할 수밖에 없었습니
다. 그 결과 응답을 받지 못 했습니다. 기도응답의 핵심이라고 할
수 있는 것은 바로 믿음입니다. 기도응답은 믿음으로 받는 것입니
다. 우리는 지금 생각 할 것입니다. 기도응답을 기도로 받지 어떻
게 믿음으로 받느냐고 말입니다. 그러나 기도응답은 믿음으로 받
는 것이지 기도로 받는 것이 아닙니다.

기도는 기도응답을 받기 위한 시작입니다. 다시 말해 기도응답
은 기도로 시작해서 믿음으로 받는 것입니다. 이렇게 기도로 시작
해서 믿음으로 받는 것이 기도응답입니다. 제가 이렇게 말하니까

이 책을 보시는 분들 중에 충격을 받는 분도 혹시 있을지 모르겠습니다. 그러나 분명한 것은 기도응답은 기도로 시작해서 믿음으로 응답을 끌어내리는 것입니다.

2. 기도라는 말과 소원이라는 말과 바란다는 말은 같은 뜻입니다.

저는 헬라어 전문가는 아닙니다. 그러나 헬라어 단어 공부를 나름대로 오랫동안 했습니다. 그래서 단어들을 보면 이제 그 단어들의 뜻이 조금 보입니다. 왜 이런 말씀을 드리냐면 앞으로 다루게 될 중요한 문제들에 대해서 원어로 살펴보려 하기 때문입니다. 헬라어로 기도라는 말은 여러 종류의 단어로 나옵니다. 그런데 그중 대표적인 단어가 있다면 그것은 프로슈케라는 말인데 그 뜻은 기도하다, 원하다, 소원하다라는 뜻으로 되어 있습니다. 여기서 대표라는 말은 신학과 과대표나 학급의 반장이라는 말과 같습니다. 대표라는 말에는 혼자 단수라는 말이 아니라 그 속에 신학생이 들어 있는 복수라는 말이고 학급 생들이 들어있다는 말입니다. 그러므로 성경에서 프로슈케라는 단어로 기도라는 말이 나올 때는 언제나 그 기도라는 단어를 잘 살펴봐야 합니다.

우리가 하는 기도는 간구 기도입니다. 그런데 저는 이 간구 기도를 구걸식 기도라 말하는데 이렇게 간구 기도를 구걸기도로 보는 이유는 날마다 같은 내용을 반복해서 하기 때문입니다. 매일같이 하나님 아버지 "주세요, 주세요" 하는 그 기도를 저는 구걸식 기도 또는 간구 기도라 말합니다.

빌 2:13절을 보면 "너희 안에서 행하시는 이는 하나님이시니 자기의 기쁘신 뜻을 위하여 너희로 소원을 두고 행하게 하시나니"라고 되어 있는데 여기서 소원이란 말은 헬라어로 델로라는 말로 "원하다, 좋아하다"라고 되어 있습니다. 또한 히 11:1절에 보면 믿음은 바라는 것들의 실상이요 라고 되어 있는데 여기서 바라는 이라는 말도 헬라어로 엘피조라는 말인데 그 뜻은 기대하다, 희망하다, 소원하다라는 말로 되어있습니다. 그러면 잘 생각하시면서 이 책을 보시길 바랍니다. 믿음은 바라는 것들의 실상이라는 것입니다. 믿음이 뭘 하느냐면 바라는 것들을 무엇이든지 실상, 현실, 기도응답으로 만든다는 것입니다. 믿음은 내가 바라는 것들을, 내가 소원하는 것들을 현실 또는 표적으로 만든다는 것입니다. 또한 여기서 실상(말을)이라는 것을 표적, 기도응답으로 보면 믿음은 바라는 것들을 응답되게 만든다는 결론이 나오게 됩니다. 다시 말해 이 말은 기도응답은 믿음으로 오게 만든 다는 것입니다.

위에서 살펴 본 것과 같이 소원이라는 말과 바란다는 말과 기도라는 말은 결국 단어만 다를 뿐이지 그 뜻은 역시 같은 뜻을 지니고 있음을 알 수 있습니다. 이는 소원하는 것도 기도이며, 바라는 것도 기도라는 것입니다. 그러므로 기도라는 말은 바라는 것과, 소원하는 것을 말하는 것입니다.

자, 그렇다면 히브리서 11장 1절을 보기로 하겠습니다. 히 11:1절 "믿음은 바라는 것들의 실상이요" 했는데 여기서 바라다라는 말은 엘피조라는 말로 기대하다, 희망하다, 소원하다라는 말로, 이 말을 소원으로 바꾸어 해석하면 "믿음은 소원하는 것들의 실상이요"라고 바꿀 수 있고 또한 이 말을 기도라는 말로 바꾸면 "믿음은 기도한 것들의 실상이요"라고 바꿀 수 있으며, 이 말을 바라는 것으로 바꾸면 "믿음은 바라는 것들의 실상이요"라고 바꿀 수 있습니다. 다시 말해 믿음은 우리의 기도나 소원이나 바라는 것을 현실로 만들 수 있는 유일한 것이라는 겁니다.

3. 히 11:1~6절을 보면 믿음의 조상들이 나옵니다.

히 11:1 믿음은 바라는 것들의 실상이요 보지 못하는 것들의 증거니
히 11:2 선진들이 이로써 증거를 얻었느니라

히 11:3 믿음으로 모든 세계가 하나님의 말씀으로 지어진 줄을 우리가 아나니 보이는 것은 나타난 것으로 말미암아 된 것이 아니니라

히 11:4 믿음으로 아벨은 가인보다 더 나은 제사를 하나님께 드림으로 의로운 자라 하시는 증거를 얻었으니 하나님이 그 예물에 대하여 증거하심이라 저가 죽었으나 그 믿음으로써 오히려 말하느니라

히 11:5 믿음으로 에녹은 죽음을 보지 않고 옮기웠으니 하나님이 저를 옮기심으로 다시 보이지 아니하니라 저는 옮기우기 전에 하나님을 기쁘시게 하는 자라 하는 증거를 받았느니라

히 11:6 믿음이 없이는 기쁘시게 못하나니 하나님께 나아가는 자는 반드시 그가 계신 것과 또한 그가 자기를 찾는 자들에게 상 주시는 이심을 믿어야 할지니라

1절을 보면 믿음은 바라는 것들(소원, 기도)의 실상이요 라고 말하고 있습니다. 여기서 바라는 것이란 소원 또는 기도를 말합니다. 이 말은 믿음은 "우리의 기도를 현실화시킨다"라는 말입니다. 기도 응답은 바로 믿음으로 받는다는 말입니다. 2-5절을 보면 믿음으로 아벨은, 에녹은…등등하고 나오고 있습니다. 그들이 기도로, 소원으로, 사랑으로 응답 받았다 라고 말하지 않고 믿음으로 응답 받고 믿음으로 믿음의 조상이 되었다고 나옵니다. 또한 6절을 보면 믿음이 없이는 하나님을 기쁘시게 할 수 없다라고 말하고 있습니다. 6절

에는 하나님을 기쁘시게 하는 것이 무엇이냐 라는 질문에 하나님을 기쁘시게 할 수 있는 유일한 것은 기도도 아니고 소원도 아니고 사랑도 아닌 바로 믿음이라는 것입니다.

예를 들면 우리가 하나님께 믿음으로 칼을 달라 요구하면 그것이 잘못 된 것임에도 불구하고 믿음으로 우리가 요구했음으로 하나님은 주신다는 것입니다. 우리는 믿음으로 칼을 구하면 안 준다고 믿고 있는데 말입니다. 그러나 문제는 그 응답의 결과 불행이 오게되고 화근이 따른다는 것입니다. 이 정도로 믿음은 어떤 기도든지 다 응답을 받게 만든다는 것입니다.

또한 막 11:23절을 보면 오히려 기도하지 않아도 믿음으로 말한 것에 대하여 믿으면 그대로 된다고 말하고 있습니다. 또한 막 11:24절을 보면 기도하고 구한 것으로 응답 받지 않고, 받은 줄로 믿는 그 믿음으로 그대로 되게 한다고 하고 있습니다. 성경은 여러 부분에서 문제해결은 기도가 아닌 믿음으로 해결됨을 말하고 있습니다.

마 9:22 예수께서 돌이켜 그를 보시며 가라사대 딸아 안심하라 네 믿음이 너를 구원하였다 하시니 여자가 그 시로 구원을 받으니라 하며, 믿음으로 혈루증 여인의 병이 치료되었음을 말하고 있고, 또한 마 9:28 예수께서 집에 들어가시매 소경들이 나아오거늘 예수께서 이르시되 내가 능히 이 일 할 줄을 믿느냐 대답하되 주여 그러하오이다 하니 마 9:29 이에 예수께서 저희 눈을 만지시며 가라사대 너희 믿음대로 되라, 하며 소경이 눈 뜬것도 역시 믿음으로 되었다 라고 말하고 있지 기도로 되었다 라고 말하고 있지 않습니다.

4. 우리가 기도응답을 받지 못하는 이유가 바로 응답을 기도로 받으려 하기 때문입니다.

기도는 기본입니다. 그러나 응답은 기도로 받는 것이 아니라 바로 믿음으로 받는 것입니다. 그런데 대부분 우리는 응답을 기도로 받으려 합니다. 그래서 기도한 만큼 응답을 받지 못하는 것입니다. 우리는 "기도는 호흡이다라고 말하고, 기도는 대화다" 라고 말하는데 맞는 말입니다. 그러나 우리가 호흡만 하고 숨만 쉰다고 사는 것이 아니라 숨을 쉬고 먹기도 하고 일도 해야 사는 것입니다.

이와 같이 기도는 호흡이고 그 다음 믿음이 필요한 것입니다. 또한 기도는 대화입니다. 그러나 대화로 계약을 성사시키는 것이 아닙니다. 대화는 일을 성사시키는 과정입니다. 중요한 것은 계약을 성사시키기 위해서는 대화를 통한 계약서입니다. 다시 말해 믿음 이란 계약서를 받아 내는 직접적인 행위인 것입니다.

5. 기도응답은 금식이나, 철야나 , 눈물이나, 많은 시간으로 받는 것이 아니라 믿음으로 받는 것입니다.

사복음서에서 눈물로 응답 받은 경우가 과연 몇 번이나 됩니까? 몇 번 되지 않고 나머지는 다 믿음으로 받았습니다. 우리는 주님이 우는 것을 좋아 하는 줄 아는데 자세히 보면 오히려 우는 것을 금지시키시는 것을 볼 수 있습니다.

눅 7:13 주께서 과부를 보시고 불쌍히 여기사 울지 말라 하시고 또한 눅 8:52 모든 사람이 아이를 위하여 울며 통곡하매 예수께서 이르시되 울지말라 죽은 것이 아니라 잔다 하시니, 여기서도 보면 주님은 우는 자에게 더 울어야 문세가 해결된다 하지 않고 울지 말 라 하며 오히려 우는 것을 금지 시키셨습니다. 그러나 주님이 울 라고 한 부분이 한군데 나오는데 그것은 자녀들을 위하여 울라 말 씀하고 있습니다. 눅 23:28 예수께서 돌이켜 그들을 향하여 가라 사대 예루살렘의 딸들아 나를 위하여 울지 말고 너희와 너희 자녀를 위하여 울라 하고 있습니다.

사 38:3절을 보면 히스기야가 눈물로 기도해서 응답 받는 장면이 나옵니다. 그러나 이 부분도 자세히 살펴보면 땡강만(억지) 부려서 응답된 것이 아니라 히스기야가 주님의 목전에서 선하게 했던 것을 가지고 기도했기에 응답 받았다는 것입니다. 사 38:3 가로되 여호와여 구하오니 내가 주의 앞에서 진실과 전심으로 행하며 주의 목전에서 선하게 행한 것을 추억하옵소서 하고 심히 통곡하니. 다시 말해 히스기야는 "진실과 전심으로 행하며 주의 목전에서 선하게 행한 것을 추억하옵소서" 말했는데 만약 히스기야가 이것이 없이 무조건 울었다면 과연 문제를 해결 받을 수 있었겠습니까? 물론 그럴 수도 있습니다. 그러나 생명을 연장 받을 수 있었던 것은 믿음이 있어서 된 것입니다. 다시말해 믿음으로 된 것입니다. 히스기야가 울은 것은 그냥 땡깡 부리거나 억지부린 것이 아닙니다. 나의 과거의 행적을 봐달라는 것입니다. 눈물로 해결한 것이 아니라 믿음으로 해결한 것입니다.

저도 울려고 노력을 많이 했었습니다. 그러나 외국의 서적에서는 그렇게 말하지 않고 있습니다. 기도응답은 눈물로 받는 것이 아니라 믿음으로 받는 것입니다. 그러므로 억지로 울려는 눈물을 그

치고 이제부터는 말씀을 붙잡고 믿음으로 기도하고 믿음으로 나가시길 바랍니다. 그러면 틀림없이 응답을 받을 수 있을 것입니다. 후안 카를로스 오르띠즈 목사님의 기도하십니까? 라는 책을 보면 우리가 하는 식의 기도를 그분은 종교적인 기도라 말하고 있습니다. 그분은 심지어 우리가 이해하지 못할 말씀을 하시는데 그분은 일주일에 하루만 기도하고 나머지는 주님과 동행한다고 합니다.

결론

그러므로 이제부터 우리 모두 기도하는 것에 관심을 갖는 것만큼 믿음에 관심을 갖고, 믿는데 치중하시기를 바랍니다. 그러면 어떤 기도도 다 응답을 받을 수 있습니다. 여러분들이 이번 장에서 꼭 기억할 것이 있는데 저는 여기서 기도하지 말라고 말하고 있지 않습니다. 기도는 반드시 해야하는 것입니다. 그러나 그에 맞게 중요한 것은 믿는 행위인 믿음이라는 것입니다.

믿음과 진리에 대하여

|제2장|
믿음과 진리에 대하여

기도응답은 믿음으로 받기에 그러므로 이번 장에는 믿음에 대하여 구체적으로 살펴보기로 하겠습니다. 믿음에 대해서 알려면 진리에 대해서 먼저 알아야 합니다. 그래서 이번 장에서는 진리에 대하여 먼저 다루고 그 다음에 믿음에 대하여 다루도록 하겠습니다.

1. 진리라는 말은 무슨 뜻일까요?

믿음을 다루기 전에 진리를 다루는 이유는 진리를 바로 알지 못하면 믿음이라는 말을 바로 알지 못하기 때문입니다. 진리를 보여줄 수 있고 만질 수 있게 해줄 수 있느냐고 물으면 대부분의 성도들은 그렇게 할 수 없다고 대답을 합니다. 그러나 저는 이 시간 진리를 만질 수 있고 볼 수 있도록 하려고 합니다.

우리가 진리를 보지 못하고 만질 수 없다고 생각하는 것은 철학적으로 진리를 배웠기 때문입니다. 그러나 신앙생활은 철학이 아닙니다. 신앙생활은 언제나 실상입니다. 그러므로 볼 수 없고 만질 수 없다면 이는 진리가 아닌 것입니다. 성도들에게 진리가 무엇이냐고 질문을 하면 대부분 대답하기를 예수님이 진리이고, 변치 않는 것이 진리라고 말합니다. 그러나 이것은 신학적으로 하나님의 속성을 말하는 것이지 진리를 말하는 것이 아닙니다. 믿지 않는 사람들은 진리라 하면 애매 모호하거나, 복잡하거나, 형이상학 적이거나, 특이하거나, 철학적인 것이라 생각합니다. 진리라는 말은 이처럼 환상적인 말이 아닙니다. 세상 모든 종교가 다 진리를 믿고 있다고 주장합니다. 기독교는 종교가 아니지만 설명하기 쉽게 기독교도 종교라고 할 때 불교나 여타 다른 모든 종교도 진리를 믿고 있다고 주장합니다. 그런데 진리는 주장이 되면 안됩니다. 진리가 주장이 되는 이유는 철학적으로 알고 있어서 진리를 만질 수 없고 볼 수 없다고 생각하기 때문에 서로 주장하는 것입니다. 불교인들 입장에서는 기독교가 진리를 주장한다고 생각하고, 기독교의 입장에서는 불교나 다른 종교인들이 진리를 주장한다고 생각합니다. 결국 이 말은 서로 진리라고 주장하는 언어 게임만 하고 있는 것입니다. 이렇게 서로 진리를 주장하는 이유는 진리를 만질 수 없고 보여 줄 수 없다고 알고 있기 때문에 나온 발상인 것입니다. 우리가 진리라는 말과 믿음이라는 말만 바로 알아도 영 분별을 가진 것과 같습니다.

성경에서 알다라는 말은 이론이나 사상을 말하는 단어가 아니라 기노스코라는 말이며 야다라는 말로 이는 체험을 기반으로 아는 실상을 말합니다. 다시 말해 철학적으로 안다든 가 사상적으로 아는 것을 말하는 것이 아니라 경험이나 체험을 의미하는 실상 적인 단어입니다. 그래서 기독교 신앙을 만남이라 하는 것입니다. 이는 체험을 말하는 것입니다. 이 말은 예수님만 체험하고 만나야 된다는 말이 아니라 예수님도 체험하고 만나야 하지만 성경말씀도 예수님을 만나는 것 같이 야다와 기노스코가 되어야 한다는 것입니다. 그러므로 진리라는 말도 야다와 기노스코가 되지 않으면 이는 이론적이며, 철학적이며, 체험이 아니라는 것입니다. 그러므로 진리라는 말도 볼 수 있고 만질 수 있는 실상이 되어야 진리라는 말이 기노스코나 야다가 될 수 있는 것입니다. 믿음이라는 것도 만질 수 있어야 되고, 손으로 주무를 수 있어야 되고, 보여줄 수 있어야 됩니다. 그게 바로 진리입니다. 만약 우리가 보여줄 수 없다면 이는 진리가 아니며, 만질 수 없다면 이는 믿음이 아닌 것입니다.

2. 하나님과 영은 보여 줄 수 없습니다.

하나님과 영은 보여 줄 수 없기에 증명을 해주면 곧 보여 주는 것과 같은 것입니다. 왜냐하면 증명해 주는 것이 곧 보여 주는 것이기 때문입니다. 헬라어로 영이라고 할 때 프뉴마를 씁니다. 그런데 그 뜻은 영, 바람, 호흡이라는 뜻을 가지고 있습니다. 그래서 성령이라 할 때는 하기오스 프뉴마라 하고 악령이라 할 때는 포네로스 프뉴마라고 합니다. 영이라는 말의 기본어는 프뉴마인데 그런데 이 프뉴마에 무엇이 앞에 붙느냐에 따라 성령도 되고, 악령도 되는 것입니다. 프뉴마의 기본은 영입니다. 영은 눈으로 볼 수 없고 보여 줄 수 없습니다. 그래서 영을 설명하기 위해서 바람과 호흡이라는 다른 뜻이 들어 있는 것입니다. 영은 보여 줄 수 없습니다. 그러나 바람은 보여 줄 수 있습니다. 다시 말해 바람이라는 것은 야다이며 기노스코 입니다. 이 말은 바람이라는 것은 체험과 경험할 수 있는 실상이라는 것입니다. 호흡도 역시 그렇습니다. 정확하게 말해서 바람은 보여 줄 수는 없지만 증명될 수 있다는 말입니다. 지금 우리가 밖으로 나가면 바람이 있다는 것을 옷깃을 통해 나뭇가지를 통해 금방 알 수 있습니다. 이와 같이 영도 보여 줄 수 없지만 증명을 하면 결국 영을 보여 준 것이나 다름이 없고 체험한 것과 다름이 없는 것입니다. 우리의 생각이나, 공기나, 사랑이나, 감정은 보여줄 수 없습니다. 이런 것들은 마치 영과 같은 것입니다. 그러나 생각이나 사랑이나 공기나 감정은 증명할 수는 있습니다. 프뉴마라는 말속에 영, 바람, 호흡이라는 말이 들어 있는 이유 중 하나가 바로 영을 바람이나 호흡을 통해 증명하기 위해서입니다. 영은 눈으로 볼 수 없고 만질 수 없는 환상 같은 것입니다. 그러므로 영이나 신이 있다는 것은 증명만 해주면 그것은 눈으로 보여 주는 것과 같다는 것입니다. 증명하기 위해서는 다른 것을 끌어 들여 증명하면 됩니다. 그것이 바로 진리입니다. 진리를 끌어 들여서 신을 증명하고 영을 증명해 주면 됩니다. 진리라는 말이 우리 나라 말로는 쉽게 해석이 안됩니다. 진리라 할 때 예수님이 진리이고 변치 않는 것이 진리라는 말은 정확하게 말해서는 정답은 아닙니다. 조금 후에 예수님이 진리라는 것이 증명이 되고, 변치 않는 것이 진리다 라는 말이, 진리를 통해 증명이 되면 진리가 되지만 지금 현재로서는 이 말은 진리라는 말에 맞지 않습니다.

진리라는 말은 헬라어로 알레데이아라는 말인데 그 뜻은 참. 진리. 사실이라는 뜻을 가지고 있습니다. 이 말이 잘 이해되지 않겠지만 이 말의 정체가 벌써 드러났는데 그것은 사실이라는 말속에 드러났습니다. 이렇게 말해도 잘 와 닿지 않을 것입니다. 그래서 이 말을 쉽게 말씀 드리겠습니다. 여기서 참이라는 것은 진짜를 말하고 사실을 말하는 것입니다. 사실의 반대가 무엇이냐 하면 그것은 거짓입니다. 그러므로 진리라는 말의 헬라어적 의미는 참인 것은 즉 사실인 것은 다 진리라는 것입니다. 여기서 사실이라는 말은 역사적인 사실을 말합니다. 그러므로 진리라는 말을 쉽게 말하면 진짜이고, 사실이고, 참인 것은 다 진리이고, 거짓과, 사이비는 다 진리가 아닌 거짓이라는 것입니다. 좀 더 자세히 말을 하면 진리라는 말은 쉽게 말해 메이커라는 말이고 비 진리라는 말은 메이커의 유사품을 말합니다. 역사적 사실 안에 존재하고 역사적 시간 안에 존재하는 것들은 다 사실이고, 진리라는 것입니다. 그러나 역사적이고 시간적인 것을 배제하고 존재한다고 믿는 것은 사상적이고, 철학적이고, 환상적인 것임으로 이는 진리가 아닌 것입니다.

한 마디로 진리라는 말은 참, 사실, 진짜라는 뜻 외에는 알레데이아라는 단어 속에 들어있지 않습니다. 다시 말해 알레데이아라는 말속에는 예수, 말씀, 변치 않는 것이 들어 있지 않습니다. 그러나 조금 후에는 알레데이아라는 말을 가지고 예수가 진리가 되시고 말씀이 진리가 되고, 변치 않는 것이 진리가 됨을 증명할 수 있습니다. 그러나 진리라는 헬라어적 의미에서는 이런 말은 들어 있지 않습니다.

예를 들면 우리 나라에 기름의 종류가 많이 있지만 그 기름 중에서 진짜 기름은 참 기름 밖에 없는 것입니다. 다시 말해 진리 기름은 참기름만 진짜 기름이라는 것입니다. 그리고 나머지 기름인 석

유나, 경유나, 휘발유와 같은 기름은 다 유사품이고, 모조품이고, 가짜기름 이라는 것입니다. 하나 더 예를 들면 많은 나무들이 있지만 우리 나라에서 진리나무, 진짜 나무는 참나무 밖에 없다는 것입니다. 왜냐하면 많은 나무 중 우리는 참 나무에만 진리, 참, 사실, 진짜 라는 말을 부쳤기 때문입니다. 이와 같이 진리라는 단어 속에는 오직 사실, 진짜 참이라는 의미밖에 없는 것입니다. 그래서 참인 것은 다 진리라는 것입니다.

해와 달과 별은 진리입니다. 왜냐하면 눈으로 볼 수 있고, 만질 수 있고, 진짜 존재하기 때문입니다. 이와 같이 볼 수 있고, 만질 수 있는 것이 진리입니다. 그러나 이런 해와 달과 별은 우주론적인 진리입니다. 다시 말해 우주론적으로 보았을 때는 진짜를 말했기에 이는 진리입니다. 그러나 이 해와 달과 별을 가리켜 운동화라 하면 이는 진리가 아닙니다. 이는 거짓말을 말했기 때문입니다. 그래서 해와 달과 별은 우주론적으로 볼 때는 진리가 됩니다. 그러나 이 해와 달과 별에게 신론을 대입시켜 하나님이라 하면 이는 진리가 되지 않는 것이며, 거짓을 말하는 것이며, 우상숭배가 되는 것입니다. 그러므로 진리라는 말은 아무리 진짜이고, 사실이라 할지라도 그 "종"에 맞지 않게 말하면 이는 진리가 되지 못하는 것입니다.

또한 동물론 적으로 볼 때 개나 소는 진리입니다. 개나 소는 만질 수 있고, 볼 수 있게 진짜 존재하기 때문입니다. 이와 같이 볼 수 있고, 만질 수 있는 것이 진리입니다. 그러나 이 소와 개는 동물론 적으로만 볼 때만 진리인 것입니다. 만약 개를 가리켜 사람이라 하면 이는 진리를 말한 것이 아니라 거짓을 말한 것입니다. 그래서 동물론 적으로 볼 때 개와 소와 같은 것은 진리입니다 .그러나 이 개나 소에 신론을 대입하여 이 소가 우리를 출애굽 시킨 하나님이라 하면 이는 거짓을 말하는 것이며 우상숭배가 되는 것입니다.

또한 인간론 적으로 볼 때 사람을 가리켜 사람이라 하면 이는 진리를 말한 것입니다. 그러나 이 사람에게 소나 돼지라 하면 이는 진리가 아닌 거짓을 말한 것입니다. 왜냐하면 사람은 사람이지 짐승이 아니기 때문입니다. 그런데 이 사람에게 신론을 대입하여 하나님이라 하면 이는 진리가 되지 않고 우상숭배가 되는 것입니다.

또한 식물론 적으로 볼 때 나무는 진리입니다. 왜냐하면 나무는 만질 수 있고, 볼 수 있기 때문입니다. 그런데 이 나무를 가리켜 사람이라 하면 이는 진리가 아닙니다. 나무를 나무라 하면 이는 식물론 적으로 볼 땐 사실을 말했기에 진리인 것입니다. 그러나 이 나무에 신론을 대입시켜 하나님이라 하면 이는 거짓을 말한 것이며, 우상숭배가 되는 것입니다.

이와 같이 진리라는 말은 진짜 보여줄 수 있고, 만질 수 있게 존재하는 것을 말하며, 사실에 맞게 말하는 것을 말하는 것입니다. 우리가 예수가 진리다 할 때 이 말의 뜻은 "예수가 하나님의 아들이시며 우리를 구원하신 구세주가 된다는 것이 사실이다"라는 말이 진짜, 진리가 된다는 말입니다.

또한 우리가 말씀을 진리 할 때 이는 "말씀 자체가 진리가 아닌" 이 말씀이 하나님이 하신 말씀이라는 사실이 진리라는 말입니다. 그러나 이것을 줄여서 그냥 "예수가 진리다. 말씀이 진리다" 해도 이제는 되는 것입니다. 왜 진리라는 말이 이렇게 중요 하느냐하면 기도응답은 바로 진리 되신 말씀을 의지해서 기도해야 응답을 받기 때문입니다. 진리 되는 말씀을 붙잡고 기도하지 않으면 우리는 응답을 받을 수 없습니다. 그러므로 우리가 기도 응답을 받기 원하면 진리에 대하여 바로 알아야 하는 것입니다.

제3장

믿음이란 무슨 뜻일까?

　어느 분이 "도대체 믿음이라는 말이 무슨 뜻인지 모르겠다" 말하는 소리를 들어 본적이 있습니다. 왜 이런 현상이 나타나느냐 면 믿음이라는 말도 역시 우리가 철학적이고, 관념적이고, 생각 적으로 배웠기에 기노스코와 야다가 되지 않기 때문입니다. 그러나 믿음이라는 말도 체험할 수 없고, 볼 수 없고, 만질 수 없다면 이는 믿음이 아닌 철학입니다. 그러므로 믿음도 만질 수 있고 볼 수 있어야 철학적인 믿음이 아닌 진짜 믿음이 되는 것입니다.

　이 믿음이란 말을 헬라어로 피스티스라 하는데 이는 명사적으로 "신뢰, 성실, 서약, 약속, 신실" 이라는 뜻을 가지고 있고 동사 적으로 쓰일 때는 피스테오 라는 말로 사실로서 인정하다, 순종하기를 계속하다, 충성하다 인정하다, 시인하다 라는 말로 쓰입니다. 그러나 믿음이란 말을 동사, 명사구별 없이 우리말로 쉽게 바꾸면 인정하다, 시인하다, 아멘, 예, 순종하다, 당연하다, 충성하다라는 말로 쓰입니다.

　이처럼 믿음이라는 말 자체가 복합동사로서 한 가지 뜻을 가지고 있지 않고 여러 가지 뜻을 가지고 있습니다. 프리셉트 성경에는 아멘 이라는 말을 믿음이라는 말로 해석합니다. 쉽게 말하면 믿음이라는 말은 아멘, 예, 인정합니다, 당연하지요 하는 말이 바로 믿음이라는 말입니다.

예를 들면 롬 10:10절의 시인이라는 말을 예, 인정합니다, 아멘으로 바꾸어 해석하면 이렇게 됩니다. "롬 10:10 사람이 마음으로 믿어 의에 이르고 입으로 인정(예. 아멘)하면 구원에 이른다"라는 말이 됩니다. 또한 마 10:32절과 요일 4:2절의 시인을 예. 아멘. 인정합니다 라고 바꾸면 역시 이렇게 할 수 있습니다. "마10:32 누구든지 사람 앞에서 나를 시인(예. 아멘)하면 나도 하늘에 계신 내 아버지 앞에서 저를 인정(아멘. 예)할 것이요. 요일4:2 하나님의 영은 이것으로 알지니 곧 예수 그리스도께서 육체로 오신 것을 인정하는(아멘. 예) 영마다 하나님께 속한 것이요"라고 바꾸어 해석할 수 있습니다 .

예를 들면 의자가 있다면 "의자를 보고 이거 의자 맞지요" 하면 사람들은 "예, 또는 당연하지요, 또는 아멘, 또는 인정합니다"라고 대답 할 것입니다. 왜냐하면 의자에게 의자냐고 물었기 때문입니다. 이와 같이 대답한 것을 다른 말로 믿음이라 하는 것입니다. 다시 말해 "이거 의자 맞지요"하면 사람들이 "예"하고 대답을 합니다. 이"예"하고 대답 한 말을 다른 말로"믿음"이라 하는 것입니다. "이거 의자인줄 믿습니다"라는 말과 "아멘. 예. 인정합니다"라는 말은 같은 말인 것입니다.

한 가지 예를 더 들면 사람들은 자기 이름을 부르면 아멘 또는 예 하고 대답을 합니다. 왜냐하면 자기 이름을 불렀기에 대답한 것입니다. 그러나 만약 자기 이름을 부르지 않으면 대답하지 않을 것입니다. 그 이유는 자기 이름이 아니기 때문입니다. 그러므로 대답할 권리가 없습니다.

이와 같이 믿음이란 진리에만 아멘 하는 것입니다. 다시 말해 사실만 인정하는 것이 바로 믿음입니다. 이렇게 믿음도 보여 줄 수 있는 것입니다. 믿음을 보여 준다는 말은 진리를 보여 주면 바로 믿음을 보여 준 것이 되는 것입니다. 그것은 진리를 인정(믿었다) 했다는 자체가 곧 믿음을 본 것이 되기 때문입니다.

결론

간단한 "예" 였지만 우리는 여기서 진리와 믿음의 관계를 알 수 있었을 것입니다. 사람들은 진리(사실, 진짜)에만 예하고(믿음) 대답을 합니다. 이것이 진리와 믿음의 관계인 것입니다. 그러므로 우리는 진리와 믿음에서 믿음은 오직 진리에만 머리를 숙인다는 사실을 알 수 있을 것입니다. 왜 진리와 믿음을 바로 알아야 하느냐면 기도응답은 진리를 믿음으로 받기 때문입니다. 그리고 기도 응답을 받기 위해서는 먼저 반드시 진리와 믿음을 바로 알아야 합니다.

Prayer
Gives an Answer

먼저 첫 번째 장에서는 기도응답은 기도로 받는 것이 아니라 믿음으로 받는 것입니다 라는 주제로 살펴보았고, 두 번째 장에서는 믿음과 진리에 대해서 살펴보았습니다.

그러면 이번 장에서는 믿음에 대해서 좀 더 자세히 살펴보기로 하겠습니다. 앞에서 믿음은 복합 동사라고 했습니다. 이는 인정하다 라는 말속에 또 다른 의미가 들어있다는 말입니다.

제가 지금 말씀 드리려는 부분을 잘 이해했으면 합니다. 이 부분을 잘 이해한다면 진짜 기도응답은 믿음으로 받는 것이구나 하고 알게 될 것입니다. 제가 "기도응답은 기도로 받는 것이 아니라 믿음으로 받는 것이다."라고 했을 때 여러분은 아마 큰 도전이 됐을 겁니다. 이제 많은 시간을 기도하려고 애쓰는 것 보다 오히려 믿는데 그 시간을 투자해야 하는 것입니다.

예를 들어 기도하는 것을 30분으로 줄였다면 나머지 5시간은 믿는데 치중을 해야 된다는 것입니다. 그러면 엄청난 응답을 받게 되어있습니다. 제가 자신 있게 말씀을 드립니다. 기도응답을 100% 받지 못한다 하더라도 거의 대부분은 상당히 많이 받을 수 있을 것입니다. 만약 받지 못한다면 그것은 저의 탓도 아니고 하나님 탓도 아닌 여러분의 탓일 것입니다. 왜냐하면 이 부분을 계속 읽어보면 알게 됩니다.

앞으로 두 부분을 다루게 되는데 첫째 봉우리는 기도응답 부분이고 두 번째 봉우리는 재정과 또 다른 문제 해결을 향해 달려갈 것입니다. 그러나 이 책에서는 첫 번째 봉우리만 다루고 두 번째 봉우리는 다음 책에서 다루기로 하겠습니다.

1. 주님은 기도에 대한 부담보다 믿음에 대한 부담을 더 주셨다.

우리는 주님이 기도하지 않은 것에 대하여 탓하고 부담을 많이 주는 것으로 알고있습니다. 그래서 기도하지 않은 것에 대한 양심에 부딪치는 것이 너무 많습니다. 거기다 사무엘 선지자는 기도하지 않는 것을 가리켜 죄라고까지 표현했기 때문에 우리가 받는 기도에 대한 스트레스는 이만저만하지 않습니다.

스미스 위글스워스 목사님은 영국 분인데 많은 표적을 행하셨고 죽은 자도 많이 살리신 분인데 그분은 말씀하시길 자신은 30분 이상 기도 한 적이 없다고 했습니다. 그리고 30분 이상 기도하지 않은 적도 없다고 했습니다. 이는 그분이 나머지 시간은 성령의 임재와 믿음을 부여하는데 많은 시간을 보냈다는 것을 알 수 있는 말입니다.

우리는 기도하지 않은 것에 대한 부담이 많은데 그러나 사복음서에서 주님이 기도하지 않은 것에 대해서 탓한 부분은 두 군데밖에 없습니다. 그런데 우리는 두 군데를 천여 군데 있는 것처럼 알고 있습니다.

거의 대부분의 성도들이 그렇게 알고 있습니다. 기도하지 않아서 문제가 해결되지 않은 것으로 말입니다. 그래서 주님은 기도하지 않은 것에 대해서 우리에게 부담을 주고 탓하는 줄로 알고 있습니다. 그런데 그렇지 않습니다. 우리는 기도하지 않은 것에 대해 탓 한 것이 전체로 알고 있었는데 찾아보면 두 군데밖에 없습니다. 그러면 나머지 주님이 어떤 부분에 대하여 탓하셨느냐면 믿지 않은 것에 대해 탓했습니다. 주님은 믿지 않는 것에 대해 아주 강력한 메시지를 보내고 있습니다.

주님은 우리가 기도하지 않은 것에 대해서는 그렇게 강력하게 언급을 하고 있지는 않습니다. 결국 주님은 기도에 대한 부담을 우리에게 강력하게 주시지는 않았습니다. 오히려 믿음에 대해서, 믿지 않음에 대해서는 너무나 많은 부분에서 탓하고 있습니다. "믿음으로 다 믿음으로"만 말하고 있습니다. 기도하지 않은 것에 대

해서는 두 군데밖에 없습니다. 정확하게 세 군데 나옵니다. 그것은
마 26:41절과 막 9:29절과 마 6:7절입니다.

마 26:41 시험에 들지 않게 깨어 있어 기도하라 마음에는 원이로되 육
신이 약하도다 하시고
막 9:29 이르시되 기도 외에 이런 유가 나갈 수 없느니라 하시니라
마 6:7 또 기도할 때에 이방인과 같이 중언 부언하지 말라 저희는 말
을 많이 하여야 들으실 줄 생각하느니라

그런데 이중에서 마 6:7절은 중언 부언기도라 해서 주님은 오히
려 그런 기도는 할 것이 없다라고 말합니다. 그렇게 기도 한 것에
대해서 주님은 그렇게 할 바에야 차라리 하지 말라고 말씀하십니
다. 그리고 우리는 많은 시간 기도하지 않은 것에 대하여 엄청난
스트레스와 압력을 받고 있는데 주님이 기도에 대하여 우리에게 스
트레스를 준 부분은 마 26:41절과 막 9:29절입니다. 그러나 이 부
분도 자세히 살펴보면 그렇지 않습니다. 왜냐하면 마 26:41절도
자세히 보면 "시험에 들지 않게 깨어 기도하라"함으로 이 기도도
우리가 아는 구걸기도인 중언부언기도가 아니라 축사기도임을 금
방 알 수 있습니다. 왜냐하면 시험을 주는 것은 마4:3절을 볼 때 마
귀가 주기 때문입니다. 그러므로 이 기도는 구걸기도가 아닌 마귀

를 쫓는 기도인 축사기도인 것입니다. 그리고 우리가 생각하는 구걸 기도가 아님을 알 수 있습니다.

또한 막 9장 29절의 “ 이르시되 기도 외에 이런 유가 나갈 수 없느니라 하시니라” 라는 말도 자세히 살펴보면 우리가 아는 기도의 문제가 아님을 알 수 있습니다.

우리는 기도하지 않아 능력이 나가지 않았다 생각하는데, 막 9장 19절을 자세히 살펴보면 믿음에 대한 내용이고 믿음이 없음을 탓하는 내용입니다. 막 9:29절만 보면 기도에 대해 탓하는 것 같지만. 19절을 보면 “ 대답하여 가라사대 믿음이 없는 세대여 내가 얼마나 너희와 함께 있으며 얼마나 너희를 참으리요” 하며 벙어리 되고 귀먹은 간질병 걸린 아이의 문제를 해결하지 못한 것은 믿음이 없어서라고 말하고 있습니다.

그리고 이 사건이 마 17장에 다시 그대로 나오고 있습니다. 그런데 마 17:17절에서는 역시 믿음이 없어서라고 말씀하시고 있고 또한 막 9:29절의 내용을 마 17:20절에서는 기도 외에 라고 말씀하시지 않고 믿음이 적은 연고니라 하고 말씀하고 있습니다.

마 17:17 예수께서 대답하여 가라사대 믿음이 없고 패역한 세대여 내가 얼마나 너희와 함께 있으며 얼마나 너희를 참으리요 그를 이리로 데려 오라 하시다.

마 17:20 가라사대 너희 믿음이 적은 연고니라 진실로 너희에게 이르노니 너희가 만일 믿음이 한 겨자씨만큼만 있으면 이 산을 명하여 여기서 저기로 옮기라 하여도 옮길 것이요 또 너희가 못할 것이 없으리라.

결국 이 말은 주님이 믿음이 없음에 대하여 말씀하고 있는 것입니다. 정확히 말하면 막 9:29절과 마 17:17절을 합하면 주님은 믿음으로 기도하지 않아서라고 말하고 있는 것입니다.

그러면 막 9:29절의 이 기도는 도대체 무슨 기도냐는 것입니다. 이 문제는 뒷부분에서 다시 다루게 될 것입니다. 또한 다른 부분을 살펴보더라도 주님은 기도에 대하여 원망하는 것보다 믿지 않은 것에 대한 원망이 더 크신 것을 발견할 수 있습니다. 눅 8:25절도 그렇고 마 14:31절도 그렇습니다.

눅 8:25 제자들에게 이르시되 너희 믿음이 어디 있느냐 하시니 저희가 두려워하고 기이히 여겨 서로 말하되 저가 뉘기에 바람과 물을 명하매 순종하는고 하더라.

이 똑 같은 사건이 마8:26절과 막4:40절에 나오는데 한결 같이 기도하지 않음에 대하여 말씀하시는 것이 아니라 믿지 않음에 대하여 말씀하고 있음을 알 수 있습니다.

마 8:26 예수께서 이르시되 어찌하여 무서워하느냐 믿음이 적은 자들아 하시고 곧 일어나사 바람과 바다를 꾸짖으신대 아주 잔잔하게 되거늘
막 4:40 이에 제자들에게 이르시되 어찌하여 이렇게 무서워하느냐 너희가 어찌 믿음이 없느냐 하시니
마 14:31 예수께서 즉시 손을 내밀어 저를 붙잡으시며 가라사대 믿음이 적은 자여 왜 의심하였느냐 하시고.

여기서도 베드로가 물에 빠진 이유가 기도하지 않아서 빠졌다 하지 않고 믿지 않아서 빠졌다 라고 말하고 있음을 알 수 있습니다. 우리가 이렇게 믿음에 대하여 놓치는 이유는 기도에 대하여 너무 많은 관심을 갖기 때문입니다. 그래서 정작 중요한 믿음은 놓치고 있는 것입니다. 그러나 주님이 진짜 문제 삼은 것은 기도가 아니라 믿음이었다는 것을 알 수 있습니다

막 11:23 내가 진실로 너희에게 이르노니 누구든지 이 산더러 들리어 바다에 던지우라 하며 그 말하는 것이 이룰 줄 믿고 마음에 의심치 아니하면 그대로 되리라. 여기서 보면 주님은 기도하지 않

아도 말한 것을 믿기만 하면 산을 들어 바다에 던질 수 있다고 말합니다.

2. 왜 주님은 믿음 없는 것을 도와주시지 못했을까?

우리가 막 9:24절을 자세히 보면 귀신들려 벙어리 되고 귀먹은 아이 아버지의 말이 나옵니다. "그 아이의 아비가 소리를 질러 가로되 내가 믿나이다 나의 믿음 없는 것을 도와주소서" 하며 아이 아버지는 믿음 없는 것을 주님께 도와 달라고 하고 있습니다.

그런데 주님이 믿음 없는 것을 도와 주셨느냐는 것입니다. 믿음이 있게 해주셨느냐는 것입니다. 아닙니다. 믿음 없는 것에 대해서 주님은 도와주시지 못했습니다. 다만 문제를 해결해 주셨지 믿음에 대해서는 어떻게 도와줄 방법이 없었습니다. 전혀 도와주시지 못하고 차라리 문제를 해결해 주었습니다. 또한 막 6장 5절~6절 보겠습니다.

막 6:5 거기서는 아무 권능도 행하실 수 없어 다만 소수의 병인에게 안수하여 고치실뿐이었고

막 6:6 저희의 믿지 않음을 이상히 여기셨더라

예수님이 누구냐면 하나님이십니다. 우리가 생각하기에 사람, 이렇게 생각하지 말고 하나님이라 생각하라는 것입니다.

그런데 하나님이신 예수님이 사람들이 믿지 않으니까 예수님도 어떻게 할 수 없어서 어떤 권능도 행치 못하셔서 몇 명밖에 치료해 주지 못했다는 것입니다. 다시 말해 믿음 없는 것에 대해서 주님은 도와주지도 못하고 "그냥 너의 탓이다" 그렇게 말씀하시고 계십니다. 믿음 없는 것에 대해서 주님은 전적으로 네 탓이지 내가 도와 줄 수 없다고 말씀하십니다. 문제를 해결해 줄 수는 있지만, 주님은 믿지 않으니까 하나님이신 주님도 아무 것도 할 수 없었다는 것입니다.

그래서 다만 극소수 몇 명만 치료했다고 나오고 있습니다. 제가 왜 이 말씀을 드리냐면 믿음에 대한 우리의 인식전환이 이제 필요하다는 것입니다. 오늘의 핵심은 바로 이 부분을 다루게 될 것입니다.

3. 그렇다면 과연 믿음은 누구의 것인가?

그러면 여기서 우리가 생각해 볼 문제는 믿음이 과연 누구 것이냐는 것입니다. 믿음이 하나님의 것이냐?, 아니면 나의 것이냐? 는 것입니다.

　대부분의 사람들은 믿음이 하나님의 것으로 알고 하나님께 믿음을 달라고 기도합니다. 그러나 믿음은 하나님의 것이 아닌 나의 것입니다. 그래서 믿음을 달라고 하나님께 기도할 필요가 없는 것입니다. 한 번 생각해 보시기 바랍니다.

　하나님께 믿음을 달라고 그렇게 많이 기도했지만 하나님으로부터 믿음을 받았습니까? 우리는 믿음을 느낌으로 생각해 기분이 좋으면 믿음이 생긴 것 같고 기분이 나쁘면 믿음이 없는 것 같고, 느낌이 좋으면 믿음이 있는 것 같고 느낌이 나쁘면 믿음이 없는 것 같고, 성령 충만하면 믿음 있는 것 같고 부부싸움 하면 믿음이 없는 것 같이 우리는 믿음을 느낌으로 생각합니다.

　그러나 믿음은 기분 좋은 것과, 기분 나쁜 것과, 아무 관계가 없습니다. 이는 마치 내가 기분이 나빠도 12시에 기차역으로 오기로 한 기차는 오고 내가 기분이 나빠도 12시에 오기로 한 기차는 오는 것입니다. 기차는 시간이 되면 내가 우울하건, 부부싸움을 했건, 내 기분이 좋건, 나쁘건, 관계없이 오는 것입니다.

　이는 마치 구원이 내 기분이 나쁘면 받지 않은 것 같고 기분이 좋으면 받은 것 같은 그런 느낌과 관계없이 예수를 믿고 있으면 받는 것과 같은 이치입니다. 다시 말해 느낌과 믿음은 다른 것입니다. 성령 충만이 기분과 느낌에 관계 있다고 치더라도 그러나 믿음은 느낌과, 기분과, 아무 관계가 없는 것입니다. 만약 믿음이 우리 생각처럼 주님의 것이라면 주님은 소수의 병인만 고치실 필요가 없으셨습니다. 왜냐하면 주님은 하나님이 이십니다.

그러므로 주님은 하나님의 믿음을 가지고 계신 분이십니다. 하나님의 믿음은 전지전능하셔서 못하시는 것이 없는 믿음이며 이 믿음으로 천지를 창조하셨습니다. 그런데 주님은 소수의 병인만 고치셨고 믿음 없음을 도와 달라 할 때 도와주지 못하고 차라리 문제를 해결해 주셨습니다. 이는 믿음이 하나님의 것이 아니기 때문입니다. 만약 믿음이 하나님의 것이라면 세상에 구원받지 못할 사람이 한 명도 없고, 병든 사람이나, 가난한 사람이 한 명도 없어야 합니다. 왜냐하면 예수님은 하나님의 믿음으로 모든 것을 하실 수 있기 때문입니다. 그러나 하나님이 전도를 사람에게 맡기신 것 같이 하나님은 우리에게 우리의 믿음을 요구하시고 계십니다. 잊지 마세요, 우리의 믿음은 우리 것이고 하나님의 믿음은 하나님의 것이라는 사실을 기억하시기 바랍니다. 다시 말해 하나님의 전능한 믿음은 하나님의 것이고 우리의 믿음은 바로 나의 것이라는 사실을 말입니디.

다시 한 번 생각해 보겠습니다. 진리와 믿음을 앞에서 다룰 때 믿음은 인정하는 것이라 했습니다. 우리가 예수 믿는 것을 하나님이 강제로 내 입을 벌려 대신 인정하게 하셨습니까? 아니지 않습니까! 본인이 인정한 것입니다.

물론 성령의 감동이라는 것이 있었지만 결과적으로는 본인이 인정한 것입니다. 믿음이라는 말 자체가 내가 진리를 인정하는 것을 말하는 것입니다. 그래서 기독교는 부모가 대신 믿어도 안되고 본인이 믿어야 구원을 받는다고 하는 것입니다. 왜! 본인이 인정해야 믿는 것이 되기 때문입니다. 또한 우리가 전도할 때 "당신이 예수 믿어야 구원받지 어머니가 대신 믿어도 안돼요" 라고 말합니다. 우리는 이렇게 전도 할 때는 믿음이 본인의 것이라 하면서 왜 실상(현실)에서는 하나님의 것이라 하는지 이해가 되지 않습니다.

그러므로 이제부터 인식전환이 필요합니다. 믿음은 하나님의 것이 아니라 100% 나의 것이라고 말입니다. 그런데 우리가 지금까지 믿음을 달라고 얼마나 많이 기도했습니까? 믿음이라는 말 자체가 진리에 대하여 "예, 아멘, 인정합니다"하면 되는데 우리는 하나님께 믿음을 달라고 기도했습니다.

그래서 그렇게 하나님께 믿음을 달라고 기도했어도 하나님은 믿음을 우리에게 주실 수가 없었던 것입니다.

믿음이 하나님의 말씀을 내가 인정하는 것이기에 믿음은 나의 것이며 나의 것이기에 내가 하나님의 말씀을 가지고 얼마든지 문제를 해결할 수 있는 것입니다.

하나님의 말씀을 믿는 내 믿음을(예) 가지고 얼마든지 응답을 끌어내릴 수 있는 것입니다. 목사님들이 성도들에게 "믿음을 가지세요”, “믿음이 없어서 그래요”라고 말씀하시는데 이 말은 맞는 말입니다. 그런데 정작 이렇게 말씀은 하시면서 본인은 하나님께 믿음을 달라고 기도하고 있으니 참으로 아이러니 한 일이 아닐 수 없습니다.

만약 믿음이 하나님의 것이라면 무슨 일이 생기면 하나님을 욕해도 되고 탓해도 됩니다. 왜냐하면 모든 책임이 하나님께 있기 때문입니다. 그러나 믿음이 내 것이기에 하나님을 탓할 수 없고 원망할 수 없는 것입니다. 이제부터 원망을 하자면 자기가 믿음을 갖지 않은 것에 대해서 원망해야 합니다. 하나님의 말씀을 믿지(인정) 않은 것에 대해서 자기를 원망해야합니다. 우리가 하나님을 욕할 수 없는 것은 믿음이 바로 나의 것이기 때문입니다.

만약 믿음이 하나님의 것이라면 세상에 구원받지 못할 사람이 단한 명도 없습니다. 질병 걸릴 사람도 단 한 명도 없습니다. 가난할 사람도 없습니다. 하나님의 것이라면 하나님의 믿음으로 못할게 뭐가 있겠습니까? 하나님의 믿음으로 해결되지 않을게 뭐가 있습니까? 다 해결 될 수 있습니다. 그러니 그것은 하나님의 깃이 아닌 바로 나의 것이기 때문에 믿는 자만 구원 받고, 믿는 자만 문제를 해결 받을 수 있는 것입니다.

한 번 따라해 보시기 바랍니다. “믿음은 내 것이지 하나님의 것이 아니다. 믿음은 100% 내 것이다” 이 사실을 잊으시면 앞으로도 기도응답을 만족할 만큼 받지 못할 것입니다.

4. 성경에는 믿음이 주님의 것이 아니라 나의 것이라는 말씀이 가득 차 있습니다.

성경을 읽다 보면 "주님이 주님의 믿음으로 문제를 해결했다" 하시지 않고 "그에게" 다시 말해 "그들의" 믿음으로 문제가 해결되었다고 하는 부분이 많이 나옵니다. 이는 믿음이 나의 것이라는 증거입니다.

행 14:7-10 루스드라의 앉은뱅이를 향해 바울은 믿음이 그에게 있는 것을 보고.... 믿음이 그의 것이라 말하고 있습니다.

행 14:9 바울의 말하는 것을 듣거늘 바울이 주목하여 구원받을 만한 믿음이 그에게 있는 것을 보고 또한 마 9:22절과 마 9:29절을 보면 한결같이 "네 믿음대로 되라" 하고 있습니다.

여기서 주님이 믿음이 내게 있으니 나에게 받아서라고 말씀하시지 않고 네 믿음 데로 되라 하고 있습니다. 또한 막 10:52 절을 보면 "예수께서 이르시되 가라 네 믿음이 너를 구원하였느니라" 하심을 볼 때 바디매오의 눈도 역시 주님을 믿는 바디매오의 믿음으로 해결되었다 라고 나오고 있습니다.

또한 그 외에 사복음서를 찾아보면 저희가, 네가, 너희가 라고 말하는 부분이 많이 나옵니다. 이는 믿음이 주님의 것이 아니라 저희가, 네가, 너희가 라고 말함으로 우리의 것임을 말하는 것입니다.

그런데 이보다 더 구체적으로 믿음이 "내 것" 이라 나오는 성경 구절도 있습니다. 요 9:36절과 요 9:38절과 요 11:27절과 고후 4:13절과 딤전 1:13절과 막 9:24절과 요일 5:4절을 보면 "내가 믿나이다"라고 말하고 있음을 볼 때 이는 확실히 믿음이 나의 것임을 알 수 있는 말씀들입니다.

요 9:36 대답하여 가로되 주여 그가 누구 시오니이까 내가 믿고자 하나이다

요 9:38 가로되 주여 내가 믿나이다 하고 절하는지라.

요 11:27 가로되 주여 그러 하외다 주는 그리스도시요 세상에 오시는 하나님의 아들이신 줄 내가 믿나이다

고후 4:13 기록한 바 내가 믿는 고로 말하였다 한 것같이 우리가 같은 믿음의 마음을 가졌으니 우리도 믿는 고로 또한 말하노라

딤전 1:13 내가 전에는 훼방자요 핍박자요 포행자 이었으나 도리어 긍휼을 입은 것은 내가 믿지 아니할 때에 알지 못하고 행하였음이라

막 9:24 곧 그 아이의 아비가 소리를 질러 가로되 내가 믿나이다 나의 믿음 없는 것을 도와 주소서 하더라

요일 5:4 대저 하나님께로서 난 자마다 세상을 이기느니라 세상을 이긴 이김은 이것이니 우리의 믿음이니라

그런데 "내가 믿나이다"라는 고백 보다 더 구체적으로 믿음을 "내 믿음"이다 라고 말하는 부분도 나오는데 그것은 사도 신경을 보면 "전능하사 천지를 만드신 하나님 아버지를 내가 믿사오며…"라고 되어 있고 또한 약 2:18절을 보면 " 혹이 가로되 너는 믿음이 있고 나는 행함이 있으니 행함이 없는 네 믿음을 내게 보이라 나는 행함으로 내 믿음을 네게 보이리라" 하면서 믿음을 "나의 것이라" 하고 있습니다.

5. 그런데 믿음이 하나님으로 것으로 표현된 것 같은 부분도 있습니다.

그러나 그 부분도 자세히 보면 역시 믿음이 나의 것임을 말하고 있습니다.

엡 2:8절을 보면 " 너희가 그 은혜를 인하여 믿음으로 말미암아

구원을 얻었 나니 이것이 너희에게서 난 것이 아니요 하나님의 선물이라"함으로 우리 생각으로는 믿음도 선물이기에 하나님의 것으로 말하는 것 같지만 그러나 이 부분을 공동번역으로 보면 역시 선물에는 믿음이 빠짐을 알 수 있습니다.

엡 2:8절을 공동번역으로 보면 " 여러분이 구원을 받은 것은 하나님의 은총을 입고 그리스도를 믿어서 된 것이지 여러분 자신의 힘으로 된 것이 아닙니다."라고 해석하고 있습니다. 여기서 우리가 구원을 받는 것은 하나님의 은총인 십자가에서 죽으신 예수를 믿어서 된 것이라는 것입니다.

그리고 공동번역에서는 하반절의 선물을 "힘, 공로"로 번역하고 있습니다. 이 말은 우리가 구원을 받은 것이 우리의 공로나 힘으로 된 것이 아니라 믿음으로 된다는 말입니다. 그러면 믿음이 공로냐 할 때 믿음은 공로가 되지 않는 것입니다. 왜냐하면 믿음이라는 것은 사실에 대하여 거짓말하지 않고 사실을 말한 것 뿐 이기에 공로가 되지 않습니다.

또한 엡 2:8절을 개역개성판에서도 "여러분은 믿음을 통하여 은혜로 구원을 얻었습니다. 이것은 여러분에게서 난 것이 아니요 하나님의 선물입니다"라고 되어있습니다.

여기서도 분명히 "믿음을 통하여 은혜에 속하여 구원을 받는다"고 말하고 있습니다. 엡 2:8절의 하나님의 선물이요 라는 말에서 선물이라는 말을 헬라어로 도론이라 하는데 이 말은 선물, 희생, 제물이라는 말로 해석됩니다.

여기서 만약 믿음을 선물로 해석하면 도론이라는 단어와 그 뜻이 맞지 않습니다. 왜냐하면 도론 이라는 말은 희생이나 재물을 말함으로 은혜를 말하는 것이지 믿음을 말하는 것이 아니기 때문입니다. 헬라어로 은혜라는 말은 카리스라는 말로 선물이라는 뜻을 가지고 있습니다.

그러므로 엡 2:8절의 상반절의 은혜라는 말과 엡 2:8절 하반절의 선물이라는 말은 헬라어 단어만 다를 뿐 결국 그 뜻은 같은 뜻을 말하고 있습니다. 다시 말해 은혜와 선물은 다 같이 예수님이 십자가에서 피 흘리신 희생과 재물을 말하고 있습니다. 그러나 믿음이라는 말에는 희생이나 재물이라는 말이 들어가지 않고 사실에 대하여 인정하다라는 말만 들어갑니다.

그리고 은혜는 도론(선물)에 속하지만 믿음은 도론에(선물에) 속하지 않고 피스티스에(인정하는것에) 속하는 것입니다.

우리가 은혜인(십자가 사건) 도론에 속하기 위해서는 바로 믿음이 필요한 것입니다. 이렇게 도론인 은혜(십자가의 희생 재물)에 속하기 위해서 믿음이 필요하다는 것을 롬4:16절에는 아주 잘 말하고 있습니다.

롬 4:16 그러므로 후사가 되는(구원받는 것은) 이것이 은혜에

속하기 위하여 믿음으로 되나니"라고 되어 있는데 이 말은 "은혜
에 속하기 위해서는 믿음으로 만 되나니"라고 되어 있습니다. 다
시 말해 이 말은 믿을 때만 우리가 은혜에 속할 수 있다는 말입니
다. 여기서 은혜는 십자가 사건까지를 말하고 있음을 알수 있는 말
입니다.

또한 갈 3:23절과 25절을 보면 믿음이 하나님의 것으로 되어 있
지만 공동번역이나 다른 번역본을 보면 전혀 다르게 말하고 있습
니다.

갈 3:23 믿음이 오기 전에 우리가 율법 아래 매인 바 되고 계시될 믿음
의 때까지 갇혔느니라

갈 3:24 이같이 율법이 우리를 그리스도에게로 인도하는 몽학 선생이
되어 우리로 하여금 믿음으로 말미암아 의롭다 함을 얻게 하려 함이니라

갈 3:25 믿음이 온 후로는 우리가 몽학선생 아래 있지 아니하도다

이렇게 보면 마지 믿음이 하나님께로 온 것 같이 보이지만 공농
번역으로 이 내용을 보면 믿음의 시대가 오기 전으로 해석하고 있
습니다.

공동번역으로 보면 갈 3:23 믿음의 시대가 오기 전에는 우리가
율법의 감시를 받았으며 믿음이 나타날 때까지 갇혀 있었습니다.

갈 3:24 율법은 그리스도께서 오실 때까지 우리의 후견인 구실을 하였습니다.

그러나 그리스도께서 오신 뒤에는 우리가 믿음을 통하여 하나님과 올바른 관계를 맺게 되었습니다. 갈 3:25 이렇게 믿음의 때가 이미 왔으니 우리에게는 이제 후견인이 필요하지 않습니다. 이 말은 이제는 믿기만 하면 누구나 구원받는 시대가 되었다는 말입니다. 이 부분을 현대인의 성경으로 보면 믿음의 시대라는 말을 그리스도로 번역하고 있습니다. 이로 볼 때 믿음이 하나님의 것으로 말하는 것 같지만 실제적으로 분석해 보면 이도 역시 믿음은 나의 것이라 말하고 있음을 알 수 있습니다.

결론

신약 성경을 보면 믿음이 은사라고 한 부분은 있습니다. 그러나 믿음을 하나님의 것이라 한 부분은 없습니다. 이 은사 적인 믿음은 후에 다루기로 하겠습니다. 그때 살펴보시길 바랍니다.

이제부터 우리는 하나님께 믿음 달라고 기도하지 마시기 바랍니다. 그렇게 기도하는 것은 시간 낭비입니다. 그냥 믿음이 내 것이라고 인정하고 내 믿음으로 하나님의 말씀을 인정하여 응답을 받으시길 바랍니다.

저도 예전에는 믿음이 하나님의 것인줄 알았습니다. 그러나 찰스캡스의 책인 하늘문을여는 믿음의 기도라는 책을 읽고 믿음에 대한 인식 전환을 했고 믿음이 내 것임을 알게 되었고 또한 케네스 해긴 목사님의 책인 건강의 양식이라는 책을 읽고 더 확신하게 되었습니다. 이 책을 보면 처음부터 끝까지 믿음이 내 것이라고 말하고 있습니다. 만약 저의 설명이 부족했다면 이런 책들을 사서 읽으시길 바랍니다.

성경에는 치유 사건이 19번이 겹치지 않고 나옵니다. 그런데 그 중에서 12번은 자기 믿음으로 치유 받았다는 내용이 나옵니다. 다시 말해 그들의 믿음으로 치유 받았다는 것입니다. 주님이 직접 치료해 주신 것은 몇 번 안되고 19번에서 12번이나 자기 믿음으로 치유 받았다는 것입니다.

그러므로 우리는 잊시 맙시다.

"믿음은 하나님의 것이 아니라 내 것이다"라는 말을 말입니다. 다시 말해 하나님의 믿음은 하나님의 것이고 내 믿음은 나의 것입니다.

제5장

믿음은 전능 한 것이며 불가능이 없는 것이다

1. 믿음은 얼마나 능력 있을까요?

자 그러면 다시 한 번 질문해 보겠습니다. 하나님의 믿음은 어느 정도 일까요? 수학적으로 말하면 하나님의 믿음은 무한대이고 신학적으로 말하면 전능하시다 입니다. 이 전능하시다 라는 말을 성경에서는 능치 못함이 없다라고 표현합니다.

렘 32:17 주 여호와께서 큰 능과 드신 팔로 천지를 지으셨사오니 주에게는 능치 못한 일이 없으시니이다

렘 32:27 나는 여호와요 모든 육체의 하나님이라 내게 능치 못한 일이 있겠느냐

창 18:14 여호와께 능치 못한 일이 있겠느냐

막 11장22절 보면 "예수께서 대답하여 저희에게 이르시되 하나님을 믿으라" 하고 있습니다. 이 말씀을 하시고 무화과나무 저주 사건이 나옵니다. 그리고 막 11:23절을 보면 산을 들어 바다에 던질 수 있다고 하고 있습니다. 그런데 무화과나무를 마르게 하고 산을

들어 바다에 던질 수 있는 이 믿음을 가리켜 막 11:22절에서는 "하나님의 믿음이라" 말하고 있습니다. 다시 말해 예수님이 죽은 자를 살리시고, 무화과나무를 저주하시고, 폭풍을 잠잠케 하시고, 병을 치료하신 것은 주님이 하나님의 믿음을 가지고 하셨다는 것입니다.

막 11:22절의 "하나님을 믿으라"라는 말은 헬라어로 데오스 피스테 라는 말인데 이 말은 "하나님의 믿음을 가져라" 또는 "하나님의 믿음을 소유하라"라는 말로 되어 있습니다.

예수님이 하나님의 믿음으로 이렇게 많은 표적을 행하셨는데 주님은 우리에게 지금 "이 믿음을 가지라"고 말씀하시고 있습니다. 하나님과 같은 믿음을 가지라고 말씀하고 있는 것입니다. 우리가 인정하는 믿음은 전능하지는 못합니다. 그러나 하나님의 믿음은 전능하십니다.

(그런데 2천년 전에 주님이 우리에게 이 전능한 하나님의 믿음을 가지라 하고 있습니다. 이는 우리도 가질 수 있기에 가지라 하고 있는 것입니다. 만약 이 하나님의 믿음을 우리가 가질 수 없다면 왜 주님이 우리에게 하나님의 믿음을 가지라 했겠습니까? 그런데 이렇게 "하나님의 믿음을 가지라"고 명령하신 것은 우리도 그 하나님의 믿음을 소유 할 수 있기 때문에 가지라 한 것입니다. 그렇다고 이 하나님의 믿음을 가지라는 말이 하나님이 우리에게 하나님의 믿음을 주셨기 때문에 가지라는 말이 아닙니다. 이 말은 우리가 말씀을

믿을 때 가질 수 있기 때문에 가지라 한 것입니다. 이제 우리는 하나님의 믿음을 가질 수 있습니다. 그러므로 이제는 우리의 믿음도 하나님의 믿음과 같이 전능하다고 보면 됩니다. 왜냐하면 우리도 하나님의 믿음을 가졌기 때문입니다. 하나님의 믿음과 우리가 가진 믿음은 이제 동등합니다. 하나님의 전능한 믿음과 우리가 예수님을 주님으로 인정하고 말씀을 인정하는 이 믿음은 똑같이 전능한 것입니다.

이를 가리켜 요 10:35절을 보면 우리가 "이제는 신의 성품에 참여했다"고 하는 것입니다.

요 10:35 "성경은 폐하지 못하나니 하나님의 말씀을 받은 사람들을 신이라 하셨거든" 이제는 우리를 신이라고 까지 할 수 있는 존재로 바꾸어 놓았다는 것입니다. 하나님이 가지고 있는 전능함을 우리가 말씀을 믿을 때 가졌기 때문에 이제 우리의 믿음은 전능합니다. 천지를 창조하신 전능한 믿음을 우리도 가지고 있는 것입니다. 예수님을 주님으로 영접하고 말씀을 우리가 내 것으로 인정하는 순간 바로 이러한 엄청난 것을 우리가 사시게 된 것입니다.

막 9:23절을 보면 믿음이 이렇게 무한대이고 능치 못함이 없는 것이며 전능한 것임을 알 수 있습니다. 막 9:23 예수께서 이르시되 할 수 있거든이 무슨 말이냐 믿는 자에게는 능치 못할 일이 없느니라 하시니…

여기서 보면 믿음에는 능치 못 할 일이 없다고 했는데 이 말을 다른 말로 표현하면 믿음은 무한대고, 전능하다고 하는 것입니다. 능치 못함이 없다는 말속에는 암은 안되고, 물질과 불치병은 안 된다는 말이 아니라 이 능치 못함이 없다는 말은 그 앞에 어떤 장애물도 없다는 말이며, 벽도 없다는 말이며, 막힌 것이 없다는 말입니다. 아니 막혔다 할지라도 해결할 수 있는 것이 바로 능치 못함이 없는 믿음이라는 것입니다. 그 앞에서 모든 문제는 자동문밖에 될 수 없는 것입니다.

그런데 이 불가능이 없는 믿음을 "믿는 자들에게는 능치 못함이 없느니라" 함으로 이 말씀은 곧 우리 믿는 자들에게 하는 것임을 알 수 있습니다. 그러므로 우리 믿는 자들은 불쌍하고, 눈물을 질질 흘리는 그런 존재가 아니라 능치 못함이 없는 믿음을 가진 존재입니다. 이 엄청난 믿음을 가지고 있음으로 이 믿음을 활용만 하면 불가능이 없는 믿음을 가진 것이며, 하나님이 천지를 창조한 창조의 능력을 가진 것과 같이 우리도 가진 것입니다.

그래서 찰스캡스는 혀의 창조적 능력이란 책에서 말하길 "하나님이 말씀으로 천지를 창조한 것 같이 우리에게도 그런 능력이 있다고 합니다" 왜냐하면 우리가 가진 믿음은 하나님과 같은 동일한 믿음이며 하나님의 믿음과 비교해도 조금도 손색이 없기 때문입니다. 하나님이 전능한 믿음을 가진 것 같이 우리도 하나님과 같이 전능한 믿음을 가지고 있습니다. 그렇다면 예수님이 한 것을 우리도 할 수 있는 것입니다. 하나님의 믿음은 전능하다고 말씀 드렸는데 저는 이 믿음을 무엇으로 표현하면 가장 좋을까 생각해 보았습니다.

그랬더니 전래동화가 생각났습니다.

"금 나와라 뚝딱! 은 나와라 뚝딱!" 하면 금과 은이 나오는 것 말입니다. 나는 믿음 하면 이 생각이 듭니다. 하나님이 천지를 창조할 때 마치 은 나와라 뚝딱 금 나와라 뚝딱 하신 것 같은 느낌이 듭니다. 왜냐하면 천지창조가 금나와라 뚝딱 은 나와라 뚝딱 했을 때 천지가 창조되었기 때문입니다.

예수님이 문제를 해결한 것이 무엇입니까? 마치 금나와라 뚝딱 은 나와라 한 것처럼 그렇게 했지 않습니까? 그런데 이 믿음을 우리가 가졌다는 것입니다.

2. 말씀을 인정하는 자만 불가능이 없는 믿음을 가진 것이다

자, 이제 잘 생각하면서 이 책을 보시기 바랍니다. 제가 우리의 믿음이란 불가능이 없는 것이다 라고 말씀 드리니까 나는 불가능이 없는 믿음을 가졌으니 이제부터 "나는 교주다, 나는 신이다" 하며 생각 할 수도 있을지 모릅니다. 그러나 내 믿음을 가지고 이렇게 생각하는 것은 자기 신념에 근거 한 것이며 자기 생각에 근거한 믿음입니다. 그러면 어떻게 능치 못함이 없는 믿음을 가질 수 있습니까? 다른 말로 하면 능치 못함이 없는 믿음은 어디서 오느냐는 것입니다. 그것은 눅 1:37절을 보면 알 수 있다.

"눅 1:37 대저 하나님의 말씀은 능치 못하심이 없느니라" 여기서 보면 누가 능치 못함이 없느냐면 하나님의 말씀이 능치 못함이 없다는 것입니다. 하나님의 말씀이 전능하다는 겁니다. 하나님의 말씀이 능치 못함이 없다는 말은 하나님이 능치 못함이 없다는 말입니다. 다시 말해 하나님의 말씀과 하나님은 이원론이 아닌 똑같이 하나님이십니다.

결국 능치 못함이 없다는 말은 하나님과 하나님의 말씀인 성경이 능치 못함이 없다는 말입니다. 그렇다면 하나님의 말씀은 능치 못함이 없는 것이며 전능한 것입니다.

우리가 능치 못함이 없는 믿음을 갖는 방법은 우리가 하나님의 말씀을 인정하고 그것을 내 것으로 삼을 때 바로 능치 못함이 없는 믿음을 갖게 되는 것입니다. 우리가 능치 못할 믿음을 가지는 것은 이렇게 말씀을 믿을 때 가지는 것이지 그냥 말씀도 없이 근거도 없이 능치 못함이 없는 믿음을 갖는 것은 아닙니다.

막 9:23절에 믿는 자에게 능치 못함이 없다고 했는데 여기서 믿는 자라는 것은 말씀을 인정하는 자 라는 말입니다. 이런 자가 바로 능치 못함이 없고 불가능이 없다는 것입니다. 또한 바울 사도도 고전 13:2절을 보면 믿음으로 산을 옮길 수 있다고 합니다. 그러나 이 믿음 역시 하나님의 말씀을 믿는 믿음을 말하는 것입니다.

쉽게 예를 들어 설명하자면 아무리 전기가 3만 볼트가 흐른다고 해도 3만 볼트에서 5미리만 떨어져 있어도 3만 볼트는 나에게 아무런 영향을 미치지 못합니다. 그러나 3만 볼트를 연결하면 그 3만 볼트는 엄청난 일을 해낼 수 있게 됩니다. 다시 말해 하나님의 말씀은 이렇게 능치 못함이 없고 산을 옮길 수 있지만 우리가 그 말씀을 믿지(연결) 않으면 그 말씀은 아무 능력도 없는 것입니다.

그러나 하나님의 말씀에 우리가 믿음을 연결하면(믿으면) 고전 13:2절에서 말하는 것과 같이 산도 옮길 수 있고 막 11:23절과 같이 산을 들어 바다에 던질 수도 있는 것입니다.

그러므로 전능한 믿음을 우리가 갖고 싶으면 우리의 인정하는 믿음 위에 하나님의 말씀을 덧붙이면 우리도 전능한 믿음을 갖게 되고 능치 못함이 없는 믿음을 갖게되고 불가능이 없는 믿음을 갖게 되는 것입니다. 다시 말해 우리가 신념을 인정하는 것이 아니라 하나님의 말씀을 인정하게 되면 이렇게 능치 못함이 없는 전능한 믿음을 갖게 되는 것입니다. 기도 응답의 관건은 바로 능치 못함이 없는 하나님의 말씀을 인정할 때만 되는 것입니다.

제6장

종합기도를 해야 응답을 받는다

종합기도라 함은 다른 말로 프로슈케 기도 또는 복합기도, 또는 모든 기도라고 바꾸어 말할 수 있습니다. 우리 나라에서 신령한 사람 하면 기도응답을 많이 받는 사람을 말하지 않고 많은 시간 기도하는 사람을 말합니다. 그러나 실제적으로 신령한 사람은 많은 시간을 기도하는 사람이 아니라 모든 기도를 하는 사람을 말해야하고 많은 응답을 받는 사람을 말해야 합니다.

1. 모든 방법으로 기도하자

엡 6:18 모든 기도와 간구로 하되 무시로 성령 안에서 기도하고 이를 위하여 깨어 구하기를 항상 힘쓰며 여러 성도를 위하여 구하고

엡 6:18절의 모든 이란 말은 헬라어로 파스라 하는데 이는 확대 번역 성경과 같이 "모든, 온, 전체"를 말하는 말입니다. 그러나 우리는 모든 기도라 할 때 모든 이라는 말을 많은 이라고 해석합니다.

그래서 많은 시간을 기도하는 것과 많은 시간을 간구 한 것이라 생각합니다. 그래서 "우리는 5시간 기도해야 된다". "6시간 기도해야 된다". "7시간 기도해야 된다". 이렇게 생각합니다. 다시 말해 모든 기도 와 간구라 할 때 우리는 많은 시간과 양으로 대부분 해석을 하고 있습니다.

그러나 모든 기도와 간구를 이라고 바울 사도가 말씀 할 때는 우리가 생각하는 많은 시간과 기도와 간구로 해석해서는 안 되는 것입니다. 왜냐하면 모든 이라는 말은 전체, 온전, 모든, 온, 순 이라는 뜻임으로 이 기도는 종합 기도를 말하는 것이기 때문입니다.

여기서 종합기도라는 말은 시간을 말하는 것이 아니라 기도의 종류를 말하는 것입니다. 이 말은 한 가지 방법으로만 기도하지 말라는 말입니다.

우리는 기도할 때 대부분 한 가지 방법으로 기도를 하고 있습니다. 그 한 가지 방법이라는 것은 구걸기도 즉 간구식 기도를 말합니다.

"하나님 봐주세요", "도와주세요" , "하나님 도와주세요" 하는 이 구걸식 기도 한 가지만 우리는 늘 하고 있습니다.

그래도 요즘은 많이 좋아져서 축사도 하고, 성령의 임재도 구합니다. 이렇게 좋아진 분들도 있지만 여전히 한 가지만을 하시는 분들이 있습니다.

그런데 이 구걸식 기도 즉 "도와주세요" 하는 기도를 멈추어야 합니다. 저는 이런 기도를 몇 년 동안 하지 않아서 이제는 어떻게 하는지를 잊어 버렸습니다. 이런 식의 기도인 구걸식 기도를 거의 안 합니다.

그러나 우리는 대부분 구걸식 기도로 시작해서 구걸식 기도로 끝납니다. 그것이 전체입니다. 이것이 오늘 우리의 대부분 기도 습관입니다.

저도 그렇게 했을 때는 응답을 거의 받지 못했지만 구걸식 기도를 하지 않고 종합기도를 하기 시작하자 응답이 오기 시작했습니다. 그런데 이런 기도는 응답을 받지 못한다고 주님이 말씀 하셨습니다.

그래서 우리가 응답을 받지 못한 것입니다. 그러므로 기도 할 때는 한 가지 방법으로만 하지 말아야 하는 것입니다.

한 가지 문제를 놓고 하더라도 여러 가지 방면으로 다양한 기도의 종류를 가지고 해야 합니다. 다시 말해 여러 가지 방법으로 한 가지 문제를 놓고 기도하라는 말입니다. 그렇게 할 때 기도응답이 급속도로 오는 것입니다. 그런데 우리는 그렇게 하지 않고 한 가지 방법으로 많은 분량과 시간으로 모든 이라는 말을 해석해서 기도합니다.

그러나 이렇게 하면 자기 마음만 시원하게됩니다. 이렇게 마음만 후련한 것과 기도응답 받는 것은 다른 것입니다.

이런 기도는 다만 하나님께 약속한 시간만 지킨 것 같아 양심의 가책만 없게 하는 것이지 응답을 가져오는 것은 아닙니다.

그러나 기도응답은 시간을 못 지켜도 받을 수 있는 것입니다.

쉽게 예를 들어 설명하자면 이렇게 한 가지 방법으로 기도하는 것은 마치 축구 경기의 규칙으로 야구도 하고, 농구도 하고, 수영도 하는 것과 같다는 것입니다.

축구경기의 규칙은 축구경기에만 맞는 것입니다. 그러나 우리는 이 축구 경기의 규칙을 가지고 야구를 하고 있습니다. 야구는 손으로 하는 경기입니다. 그러나 축구는 발로하는 경기입니다.

만약 축구경기의 규칙을 가지고 야구를 한다면 과연 경기가 어떻게 되겠습니까? 아마 경기는 시작도 하지 못 할 것이 뻔합니다. 만약 이 축구 경기의 규칙을 가지고 농구를 한다고 생각해 보시기 바랍니다. 과연 경기를 진행 할 수 있을까요? 전혀 경기를 진행할 수 없을 것입니다.

축구 경기의 규칙을 가지고는 축구를 해야 하고, 야구 경기의 규칙을 가지고는 야구를 해야 하고, 농구 경기의 규칙을 가지고는 농구를 해야 합니다. 그러나 우리는 축구 경기의 규칙을 가지고 야구도, 농구도, 핸드볼도하고 모든 경기를 다 하고 있지 않습니까? 다시 말해 우리가 한 가지 방법으로 기도하는 것은 마치 축구 경기의 규칙을 가지고 야구와 농구와 씨름을 하는 것과 같은 것입니다.

만약 우리가 한 가지 방법으로 기도했더니 응답이 왔다면 이는 그 기도는 축구경기에 맞는 기도를 했기 때문입니다. 그러나 이 규칙을 가지고 다른 기도를 했다면 아마 응답을 받지 못했을 것입니다.

그래서 우리가 많은 시간을 기도했지만 기도응답을 20% 정도밖에 받지 못한 것입니다. 우리가 한 가지 방법으로 기도했더니 응답이 왔다는 것은 요행히 축구경기에 맞는 기도를 했기 때문입니다.

그러나 만약 각 경기에 맞는 규칙으로 기도를 했다면 기도응답은 어떻게 되겠습니까? 아마 100% 다 받을 수 있을 것입니다.

그러므로 이제부터는 한 가지 방법인 구걸식 기도만 하지 말고 다양한 방법으로 한 가지 문제를 놓고 기도하시길 바랍니다. 그러면 많은 응답을 받게 될 것입니다.

마 6:7 또 기도할 때에 이방인과 같이 중언부언하지 말라 저희는 말을 많이 하여야 들으실 줄 생각하느니라.

여기서 중언부언이라는 말은 헬라어로 밧톨로게오라고 되어있습니다. 이 뜻은 "주문 외우다"라는 뜻을 가지고 있습니다. 그냥 의미 없이 반복해서 하는 것 그것을 중언부언이라고 합니다. 그런데 우리가 지금 하는 기도인 구걸기도가 바로 중언부언식 기도라는 것입니다.

어제 구걸식으로 하고, 오늘 또 하고, 내일 또 하고, 1년 후에 또 하고, 십 년 전에 했던 것 오늘 또 하지 않습니까?

이것이 바로 중언부언 기도라는 것입니다. 어떤 분은 말씀하시길 이렇게 중언부언하는 기도를 십 년 했어도 오늘 또 한다면 그 십 년 동안 한 기도는 다 취소시킨 것이라는 것입니다.

오직 오늘 믿음으로 기도 한 것만 살아 있는 기도라는 것입니다. 우리가 이렇게 믿음을 부여하지 않고 날마다 반복해서 하는 기도를 바로 중언부언 기도라 하는 것입니다.

이 중언부언 기도에 대해서 주님은 분명히 말했습니다. 아예 그런 기도는 응답 받을 생각을 하지 말라고 말입니다. 이렇게 말씀을 드리면 어떤 분들은 말씀하시길 우리가 하는 기도는 이방인이 하는 중언부언 기도가 아니라고 말합니다.

저는 이런 말씀을 들으면 그런 생각이 듭니다. "이 분은 성경 말씀을 믿는 분이 아니라 말씀을 합리화시키는 분이구나" 하고 말입니다.

왜냐하면 주님은 이렇게 하는 것이 이방인이 하는 중언 부언 기도라 말씀하셨으면, 우리는 내 기분과 관계없이 싫든, 좋든 이런 기도는 중언부언 기도라고 인정해야 하고 이런 기도는 하지 말아야 하기 때문입니다.

그러면 여기서 우리가 하는 기도가 이방인이 하는 중언 부언 기도인지 아닌지 한번 살펴보겠습니다.

세계 어디를 가보아도 누가 가르쳐 주지 않았어도 공통적으로 하는 기도가 있는데 그것은 조상이나, 자기가 섬기는 신에게 우리가 하는 식의 기도의 방법으로 똑 같이 기도한다는 것입니다.

아프리카를 가보아도 그렇고 아시아를 가보아도 그렇고 우리 나라를 보아도 그렇습니다. 다 같이 주문 외우듯이 하는 중언 부언 식으로 기도를 합니다.

저는 어려서 예수님을 믿지 않았고 저의 어머니도 믿지 않으셨습니다. 그래서 저의 어머니를 쫓아다니며 기도하는 모습을 보았습니다. 그런데 저의 어머니가 하는 기도는 " 비나이다, 비나이다 천지신명께 비나이다" 하며 똑 같은 말만 반복해서 하는 것을 보았습니다.

지금 우리가 하는 기도와 옛날 믿지 않는 우리 조상들이 정한수 떠놓고 하는 기도와 다른 것이 있습니까? 물론 다른 것이 있습니다.

그것은 천지신명대신 하나님 아버지라는 말로 바꿔서 하고 있고 마지막에 꼬리표로 예수이름을 넣는 것, 그것만 다르고 나머지는 똑 같은 방법으로 하고 있습니다.

그런데 이런 기도는 우리 나라만 그렇게 하는 것이 아니라 세계 어느 나라를 가보아도 다 그렇게 구합니다.

주님은 이런 기도를 다 이방인의 기도라 하셨습니다. 여기서 또한 이방인이라 할 때 멀리 갈 것 없이 이스라엘 외에는 다 이방인입니다.

우리 나라도 이방인이고 다른 나라도 이방인인 것입니다. 날마다 반복해서 하는 이런 기도에 대해 주님은 단호하고 분명하게 우리에게 말씀 하셨습니다.

이렇게 하는 기도는 응답을 받지 못한다고 말입니다. 마 6:7절에 " 들으 실줄 생각하느냐" 이렇게 말씀하고 있습니다. 그러므로 이제부터는 중언부언하지 말아야 하고, 중언부언 할 바에야 아예 이런 기도는 하지 말아야 합니다. 그런데 우리는 이런 식의 기도로 얼마나 많은 시간을 허비했습니까.

이렇게 하는 기도는 시간만 채우는 기도이며 하나님을 만족시키는 것이 아니라 나만 만족시키고 나의 기분만 좋게 하는 기도인 것입니다.

그러므로 이제부터는 한 가지 방법인 구걸식 기도만 하지 말고 종합기도를 하시기 바랍니다. 다시 말해 때로는 간구 기도도 하고, 때로는 선포기도 하고, 때로는 축사도 하고, 때로는 성령의 임재 가운데 있기도 하고, 때로는 예언기도도 해야 한다는 것입니다.

모든 기도를 동원해서 기도를 해야 하는 것입니다. 한 가지 포커

스를 놓고 집중 적으로 여러 가지 기도 방법으로 기도해야 하는 것입니다. 그러나 우리가 이렇게 여러 가지 방법으로 기도하지 않고 한 가지 방법으로 하기 때문에 중언부언기도를 하게 되는 것입니다

2. 중언부언 기도하는 이유

그러면 왜 우리가 이렇게 주님이 금지한 중언부언 기도를 하느냐는 것입니다. 그것은 성경적인 근거가 있기 때문입니다. 그런데 그 근거라는 것은 성경이 그렇게(중언부언) 말하는 것이 아니라 잘못된 해석에 의해 바로 중언부언기도를 하게 되었다는 것입니다.

첫째로 눅 11장5-8절 때문입니다.

눅 11:5 또 이르시되 너희 중에 누가 벗이 있는데 밤중에 그에게 가서 말하기를 벗이여 떡 세 덩이를 내게 빌리라

눅 11:6 내 벗이 여행 중에 내게 왔으나 내가 먹일 것이 없노라 하면

눅 11:7 저가 안에서 대답하여 이르되 나를 괴롭게 하지 말라 문이 이미 닫혔고 아이들이 나와 함께 침소에 누웠으니 일어나 네게 줄 수가 없노라 하겠느냐

눅 11:8 내가 너희에게 말하노니 비록 벗됨을 인하여서는 일어나 주지 아니할지라도 그 강청함을 인하여 일어나 그 소용대로 주리라

그 눅 11장 8절의 "강청함" 이라는 말이 우리가 알고 있는 것 같이 막 물고 늘어지거나 귀찮게 하는 거라고 생각하고 있습니다. 그래서 강청함 하면 바짓가랑이라도 잡고 늘어 지는 것 그것이 강청함 이라고 생각하고 이렇게 강청 하면 떡 주기 싫은 친구가 어쩔 수 없이 땡강 부리고 억지 부렸기 때문에 떡을 줄 수밖에 없다고 생각합니다.

저도 그렇게 알고 있었습니다. 그런데 여기서 크게 오해하는 단어가 있습니다. 그것은 강청함이라는 단어인데 이단어의 원 뜻은 "뻔뻔하다" 라는 뜻으로 되어 있습니다(찰스 켑스의 하늘문을 여는 믿음의 기도라는 책을 참고하세요) 다시 말해 강청함 이라는 말은 뻔뻔함이라는 말이라는 것입니다. 그러므로 8절의 강청함 대신 뻔뻔하다라는 말을 넣으면 그 내용이 완전히 달라집니다. 그 친구는 새벽 4시 5시에 친구에게 떡을 요구할 때 미안한 기색이나, 창피한 마음이 없이 뻔뻔하고 당연하게 요구를 했다는 것입니다. 우리가 생각하는 구걸을 하지 않았다는 것입니다.

'성경 밖에서 만나는 성경 이야기' 라는 책을 보면 당시 문화가 나오는데 이 말씀이 나옵니다. 그 책을 보면 이런 내용이 나옵니다.

우리는 친구의 빵 요구를 거절한 것으로 아는데 사실은 "벗이 부탁하는데 내가 어찌 거절 할 수 있는가?" 하는 반문이라는 것입니다. 그리고 당시 유대의 관습에는 아무리 잠자리에 들었다 하더라도 친구가 간청하면 반드시 일어나서 도와주게 되어 있다는 것입니다.

그러므로 이 사람이 친구에게 찾아갈 때 부끄럽거나 비굴하게 요구하기 위해서 찾아간 것이 아니라 뻔뻔하게 찾아갔다는 것이다.

우리 나라 문화라면 아마 찾아갈 수 없었을 것입니다. 그러나 뻔뻔하게 이 사람이 찾아 갈 수 있었던 것은 바로 당시의 문화가 그렇게 찾아가도 무조건 환영하게 되어 있기 때문입니다.

당시 문화에서는 친구가 아무리 늦은 시간에 찾아와 요구하더라도 그 친구는 있으면 주게 되어 있었다는 것입니다. 오히려 귀찮아하고 주지 않으려 한 친구가 잘못이라는 것입니다.

그는 바로 땡강이나 억지 부려서 받은 것이 아니라 뻔뻔하고, 당연하게 요구했기에 받았다는 것입니다. 그렇게 했기 때문에 그가 응답을 받을 수 있었다는 것입니다. 그러므로 우리도 아버지께 땡강이 아닌 뻔뻔하고 당연하게 요구하시길 바랍니다.

두 번째는 막 9:28-29절 때문입니다.

또 한 가지 우리가 구걸식 기도를 하는 이유가 나오는데 그것은 막 9장 29절인 " 이르시되 기도 외에 다른 것으로는 이런 유가 나갈 수 없느니라 하시니라 " 라는 말씀 때문입니다.

여기서 기도 외에 이런 유가 나가지 않는 다고 하니까 우리는 문제를 해결 받기 위해서는 구걸기도인 땡깡 식으로 기도해야 한다고 생각합니다.

이 내용 때문에 우리가 또한 중언부언 기도를 하게 된다는 것입니다. 그러나 이 부분도 잘못된 해석 때문에 이렇게 하고 있는 것입니다.

왜냐하면 이 부분을 킹제임스 성경으로 보면 기도와 금식 외에는 이런 유가 나가지 않는다고 말하고 있습니다.

그런데 여기서 기도라는 말이 헬라어로 프로슈케라는 말로 되어 있습니다. 이 말은 과대표와 같다고 첫 번째 장에서 말씀 드렸을 것입니다. 다시 말해 프로슈케라는 말속에는 과 학생들이 있는 것처럼 이 기도는 무슨 기도를 했는지는 모르는 기도입니다. 그러므로 프로슈케 이렇게 기도를 표현 할 때는 이 기도 속에는 성령의 임재 기도를 구했는지, 아니면 축사기도를 했는지, 아니면 선포 기도를 했는지 모르는 것입니다.

그래서 무슨 기도를 했는지 알기 위해서는 문장 내용을 거꾸로 추적을 해봐야 되는 것입니다.

막 9:29절의 기도가 어떤 기도였는지 거꾸로 추적을 해 보면 킹제임스에서 말하는 금식과 기도 외에 이런 유가 나갈 수 없다는 말에서 금식이라는 말은 추가되었다는 사실을 알게 됩니다. 왜냐하면 주님은 이 아이를 치료하기 위해 금식 한 적이 없기 때문입니다.

이전 사건이 변화산 사건인데 주님은 변화산 에서 금식 한 적이 없기 때문입니다. 다시 말해 아이 치료를 위해 주님은 금식 한 적이 없으십니다. 그러므로 킹제임스에서 말하는 금식은 첨가된 것입니다. 자, 그러면 또 한 가지가 문제가 남아 있습니다.

막 9:29절의 이 기도라는 것은 도대체 어떤 기도냐는 것입니다. 우리 생각으로는 구걸 기도라 생각하지만 과연 어떤 기도인지 한번 살펴봅시다.

구걸기도라 하면 "아버지 제발 이 아이를 치료해주세요"라고 주님이 기도 했어야 하는 것입니다. 그러나 주님은 그렇게 구한 적이 없습니다.

29절 이하를 보면 주님은 이 아이를 치료하기 위해 3일 금식기도도 하지 않았고, 하나님 앞에 "이 아이를 치료하게 제발 도와주세요" 하며 사정 기도도 하지 않으셨습니다.

여기서 기도라는 말이 바로 프로슈케라고 되어 있는데 이 기도는 바로 내용을 자세히 살펴봐야 그 기도가 어떤 기도인지를 아는 기도입니다.

그런데 이 내용을 자세히 살펴보니 이 아이의 문제 해결 방법은 막 9:25-27절을 보면 축사로서 해결되었다는 사실입니다.

막 9:25 예수께서 무리의 달려 모이는 것을 보시고 그 더러운 귀신을 꾸짖어 가라사대 벙어리 되고 귀먹은 귀신아 내가 네게 명하노니 그 아이에게서 나오고 다시 들어가지 말라 하시매

막 9:26 귀신이 소리지르며 아이로 심히 경련을 일으키게 하고 나가니 그 아이가 죽은 것같이 되어 많은 사람이 말하기를 죽었다 하나

막 9:27 예수께서 그 손을 잡아 일으키시니 이에 일어서니라

다시 말해 귀신을 쫓아냄으로써 이 아이의 벙어리 되고 귀먹고 간질병이 해결되었습니다. 그러므로 29절의 기도인 프로슈케 기도는 우리가 생각하는 구걸식 기도도 금식기도도 아닌 귀신을 쫓는 축사기도였던 것입니다. 다시 말해 믿음으로 축사했을 때 이 문제

가 해결되었던 것입니다.

막 9:29절의 바른 해석은 "이런 귀신 들린 자의 문제 해결은 믿음으로 축사를 할 때만 가능하다"라는 말로 해석되어야 바른 해석이 되는 것입니다.

제자들이 축사를 했어도 해결하지 못했던 원인은 믿음을 가지고 축사하지 않고 표현하자면 빙자해서 한 것 같이 그렇게 믿음 없이 축사했기에 해결하지 못했던 것입니다.

이렇게 프로슈케 기도는 종합기도 이기에 이 기도가 나오면 내용을 거꾸로 살펴보아야 하고, 무슨 기도를 했는지를 따져봐야 되는 것입니다.

그러나 우리는 막 9:29절을 잘못 해석해서 기도 외에 할 때 이 기도 외에 라는 말을 구걸기도로 생각해 간구 기도만 했습니다. 그러나 이 기도는 분명하게 말씀드리지만 축사기도였습니다.

셋째로 눅 18:1~8절 때문입니다.

그리고 또 한가지 우리가 구걸기노 하게 만드는 내용이 나오는데 그것은 눅 18장 1절~8절 때문입니다. 이 부분에 대해서 확실히 알고 싶으시면 하늘 문을 여는 믿음의 기도라는 책을 보시면 아주 잘 나와 있습니다. 그런데 이 부분도 해석을 잘못해서 우리가 구걸기도를 한다는 것입니다.

눅 18:1 항상 기도하고 낙망치 말아야 될 것을 저희에게 비유로 하여

눅 18:2 가라사대 어떤 도시에 하나님을 두려워 아니하고 사람을 무시하는 한 재판관이 있는데

눅 18:3 그 도시에 한 과부가 있어 자주 그에게 가서 내 원수에 대한 나의 원한을 풀어 주소서 하되

눅 18:4 그가 얼마 동안 듣지 아니하다가 후에 속으로 생각하되 내가 하나님을 두려워 아니하고 사람을 무시하나

눅 18:5 이 과부가 나를 번거롭게 하니 내가 그 원한을 풀어 주리라 그렇지 않으면 늘 와서 나를 괴롭게 하리라 하였느니라

눅 18:6 주께서 또 가라사대 불의한 재판관의 말한 것을 들으라

눅 18:7 하물며 하나님께서 그 밤낮 부르짖는 택하신 자들의 원한을 풀어 주지 아니하시겠느냐 저희에게 오래 참으시겠느냐

눅 18:8 내가 너희에게 이르노니 속히 그 원한을 풀어 주시리라 그러나 인자가 올 때에 세상에서 믿음을 보겠느냐 하시니라

1절을 보면 " 항상 기도하고 낙망치 말아야 될 것을 저희에게 비유로 하여"라고 되어 있는데 여기서 낙망치라는 말은 바른 해석이 아닙니다.

확대번역 성경을 보면 이 부분이 잘 해석되어 있는데 그것은 "겁쟁이가 되지 말아야 할 것을"로 되어 있습니다. 그러므로 1절을 바

르게 해석하면 항상 기도하고 "겁쟁이가 되지 말아야" 할 것을 비유로 하여 라고 해석해야 바른 해석이 되는 것입니다.

또한 낙망치라는 말이 헬라어로 엑카케오라는 말로 되어 있는데 이는 "약하게되다, 활기를 잃다, 실망시키다"라는 말로 확대 번역성경과 그 해석이 같습니다.

다시 말해 "약하게 되다"라는 말을 부정으로 해석하면 바로 "약하게 되지 말아야 할 것"으로 해석이 됩니다. 그러나 우리는 이 부분을 낙망치라고 해석함으로 역시 땡강부리고, 억지부리고, 물고 늘어지고, 하나님을 귀찮게 여기면 하나님이 해결 해주실 것으로 믿고 구걸기도를 했던 것입니다.

그러나 이 낙망치라는 말은 낙망이 아닌 겁쟁이가 되지 않는 것을 말합니다. 다시 말해 1절은 지금 겁쟁이가 되지 말아야 할 이유에 대하여 비유로 설명하고 있는 것입니다.

2절을 보면 " 가라사대 어떤 도시에 하나님을 두려워 아니하고 사람을 무시하는 한 재판관이 있는데" 하나님을 무시하는 재판관이라 함으로 우리가 알 수 있는 것은 이 재판관은 하나님이 아닌 틀림없이 마귀라는 것입니다. 다시 말해 2절은 우리 성도들이 마귀를 어떻게 대처해야 될지를 가르쳐 주는 것입니다.

주님은 우리가 마귀를 대할 때 "너희들은 마귀 앞에 겁쟁이가 되지 말고 ,담대하게" 대처하라고 말씀하십니다. 어떤 분은 이렇게 말씀 드리자 " 마귀를 화나게 하면 큰일난다"하는 분도 있습니다.

저는 왜 그렇게 말하는지 이해를 하지 못하겠습니다.

글쎄요. 마귀 마음에 들으면 좋은 일이 있어서 마귀를 화나게 해서는 안 된다고 하는지 모르지만 그러나 성경은 마귀를 물리쳐야 된다고 말합니다. 그렇게 할 때만 문제가 해결된다고 하고 있습니다.

마귀에 대해서 우리 성도가 어떻게 대처해야 될지 주님이 지금 말하고 있습니다. 성도는 마귀 앞에서 겁쟁이가 되지 말고 대처해야 하는 것입니다. 이 재판관은 하나님을 두려워하지 않았습니다. 그러므로 그는 틀림없이 마귀인 것입니다.

3절을 보면 "그 도시에 한 과부가 있어 자주 그에게 가서 내 원수에 대한 나의 원한을 풀어 주소서 하되"

여기서 한 과부는 성도를 말합니다. 그것도 과부라는 것입니다. 당시 과부와 아이는 무시의 대상입니다. 여기서 과부라 하는 것은 아주 보잘 것 없는 성도를 말합니다.

그런데 여기서 "자주"라는 말이 나오는데 확대번역 성경에는 이 자주라는 말이 빠져 있습니다. 그리고 헬라어 원어에도 자주라는 말이 빠져있고 "엘코마이"라 해서 "오다, 가다"라고 되어 있습니다.

그렇다면 3절을 다시 보면 그 과부는 마귀에게 우리가 생각하는 것 같이 자주 가서 구걸하지 않았다는 것입니다. 또한 이 부분이 우리 성경에서는 "과부는 마귀에게 가서 내 원수에 대한 원한을 풀어 주소서"하고 구걸하는 것으로 되어 있지만 이 부분을 헬라어 원어로 직역을 하면 찰스갭스는 말하길 그녀는 구걸하지 않고 "그녀는 말하면서 그에게 찾아오고 있었다"라고 해석하고 있습니다.

다시 말해 "마귀에게 제발 원한을 풀어주세요" 한 것이 아니라 그 여자는 문을 박차며, 손을 내밀며, 마귀에게 호통을 치며, 축사를 했다는 것입니다. " 마귀야 내 문제를 해결해라" 하며 호령을 치며 그녀가 들어왔다는 것입니다. 그런데 우리는 마치 마귀에게 과부가 구걸한 것처럼 해석하고 있습니다. 그러나 그렇지 않습니다.

4절 보면"그가 얼마 동안 듣지 아니하다가 후에 속으로 생각하되 내가 하나님을 두려워 아니하고 사람을 무시하나"

여기서 얼마동안 이라는 말은 마귀가 얼마동안 듣지 않았다는 말이지 우리가 생각하는 것처럼 몇 일을 듣지 않았다는 말이 아닙니다.

잠깐 동안 듣지 않았던 것입니다. 왜냐하면 마귀의 생각으로는 이제까지 자기에 대하여 두려워하고 무서워하는 자는 보았지만 이렇게 강하게 나오는 자는 처음이었기 때문입니다. 마귀는 마치 망치에 맞은 것 같이 당황해서 어쩔 줄 몰라 잠깐 머뭇거리고 있었던 것입니다. 보통 사람들은 자기에게 "마귀님!" 하고 존경을 했는데, 그것도 모든 사람이 무시하는 과부가 자기를 향해 호통을 치니, 마귀가 깜짝 놀라 잠시 당황해서 혼자 생각에 잠겼던 것입니다.

5절을 보면 "이 과부가 나를 번거롭게 하니 내가 그 원한을 풀어주리라 그렇지 않으면 늘 와서 나를 괴롭게 하리라 하였느니라" 5절을 자세히 보면 4절에서 당황한 마귀가 잠깐 생각하는 내용이 나옵니다. 그는 생각하기를 "야! 대단한 여자다. 내가 하나님도 사람도 무시했지만 엄청나고 무서운 사람이 나타났구나" 하고 마귀는 생각했던 것입니다.

여기서 여자는 힘없는 성도를 말합니다. 다시 말해 힘없는 사람도 담대하게 예수 이름을 가지고 나가면 마귀가 도망간다는 것입니다. 마귀는 지금 이렇게 말하고 있습니다. "힘없는 과부가 나를 축사하니 내가 번거롭고 괴로워 죽겠구나" 하고 생각하고 있는 것입니다.

그것이 바로 "이 과부가 나를 번거롭게 하니"라고 표현한 것입니다. 이제까지 마귀는 괴롭지 않았습니다. 왜냐하면 이런 사람은 처음 나타났기 때문입니다.

이전까지는 그가(마귀) 기침만 해도 사람들이 다 순종했는데 말입니다. 아담까지도 순종했는데 그런데 갑자기 이상한 여자가 나타난 것입니다 그래서 마귀가 번민스러워 잠시 동안 "야! 이거 큰일 나겠구나 저! 여자가 나를 잡아먹겠구나 !" 하고 그렇게 생각했던 것입니다.

그래서 그 원한을 풀어 주었다는 것입니다. 여기서 거기 원한을 풀어 주었다는 말은 기도응답을 마귀로부터 받았다는 말이 아니라 축사 때문에 도망갔다는 말입니다.

그리고 마귀는 말하길 "그렇지 아니하면 늘 와서 나를 괴롭히겠다" 라고 생각했던 것입니다. 그런데 여기서 아주 중요한 단어가 나옵니다.

그것은 바로 "늘 와서"라는 말입니다. 조금 전에 3절을 살펴보면서 "자주"라는 말이 첨가되었다고 했는데 그 증거가 바로 "늘 와서" 입니다. 이 "늘 와서"라는 말이 나왔다는 것은 결국 아직까지 이 여자는 한 번도 찾아오지 않았다는 말입니다. 왜냐하면 "늘 와서"라는 말과 "자주"라는 말은 아주 대조되는 단어이기 때문입니다.

이 "늘 와서"라는 말로 우리가 알 수 있는 것은 이 여자는 마귀에게 날마다 와서 사정하지 않고 단 한 번 지금 와서 호통을 치고 있다는 말입니다.

여기서 "늘 와서 나를 괴롭게 하리라"라는 말은 미래형으로 되어 있습니다. 다시 말해 늘 와서라는 말을 사용했다는 것은 자주오지 않았다는 것을 강조하는 말입니다. 아직 한 번도 온 적이 없고 지금 단 한 번 왔다는 것입니다. 한 번 와서 이야기하는 것을 듣고 마귀는 깜짝 놀라 지레 겁먹고 아주 두려워하고 괴로웠다는 것입니다.

6절을 보면"주께서 또 가라사대 불의한 재판관의 말한 것을 들으라"

여기서 우리가 알 수 있는 것은 하나님은 불의 하시지 않기에 불의한 재판관이란 말이 나옴으로 이는 하나님이 아닌 마귀라는 사실입니다.

7절을 보면" 하물며 하나님께서 그 밤낮 부르짖는 택하신 자들의 원한을 풀어 주지 아니하시겠느냐 저희에게 오래 참으시겠느냐"

7절을 통해 우리가 확신할 수 있는 것은 또한 불의한 재판관이 하나님이 아니라는 증거입니다. 왜냐하면 "하물며"라는 말이 나옴으로 이전까지는 하나님이 아닌 것을 말하고 있기 때문입니다. 그래서 하물며 라고 말하고 있는 것입니다.

여기서 "그 밤낮 부르짖는 택하신 자들이란" 혼자 철야하며 같은 기도를 반복해서 하는 것을 말하는 것이 아니라 밤에 기도하는 자들의 기도나 낮에 기도하는 자들이나 할 것 없이 다 응답해 주겠다는 것입니다.

이는 한 사람이 밤낮 기도하는 것을 말하는 것이 아니라 우리 나라에서 낮이면 미국은 밤인데 이렇게 밤낮으로 기도하는 것을 말하는 것입니다.

8절을 보면 "내가 너희에게 이르노니 속히 그 원한을 풀어 주시리라 그러나 인자가 올 때에 세상에서 믿음을 보겠느냐 하시니라"

7절의 "오래 참으시겠느냐"와 "속히 그 원한을 풀어주리라"라는 이 말은 불의한 재판관은 잠시 머뭇거리며 응답을 해 주지 않았지만 하나님은 우리가 기도하면 속히 기도를 응답해 주신다는 뜻입니다.

즉 하나님은 우리가 기도하면 머뭇거리지 않고 응답해 주신다는 것입니다. "인자가 올 때까지 믿음을 보겠느냐" 할 때 이 말의 뜻은 여인의 믿음을 말합니다.

다시 말해 "내가 다시 올 때가되면 이 여인과 같이 당당하게 축사하며, 종합기도하고, 한 번 기노하여 응답 받는 믿음을 가진 자가 없다 시피 하다"는 것입니다.

"주님이 오실 때에는 이 여인과 같이 당당하게 축사하는 믿음을 가진 자를 찾으신다"는 말입니다.

우리가 이렇게 간구기도인 구걸 기도를 하는 이유는 바로 이 세 부분을 잘못 해석했기 때문에 하는 것입니다.

그러나 엡 6:18절은 이렇게 많은 시간을 구걸기도로 하라는 말이 아니라 한 가지 문제를 놓고 모든 방법으로 기도하라는 말임을 우리는 알아야 합니다. 엡 6:18절은 바울이 기록한 말씀입니다. 그렇다면 바울도 한 가지 방법으로 기도하지 않았다는 말입니다.

다시 말해 바울 사도도 한 가지 문제를 놓고 여러 가지 방법으로 기도했다는 것입니다. 그런데 왜 우리는 한 가지 방법으로만 기도하는 것입니까?

그렇다면 과연 예수님은 어떻게 기도 하셨을까요? 우리가 생각하는 것과 같이 한 가지 방법으로만 기도했을까요 아니면 종합기도로 여러 가지 방법으로 기도했을까요?

성경을 보면 주님은 구걸식 기도만 하신 것이 아니라 다양한 방법으로 종합기도 했음을 알 수 있습니다.

그것은 귀신에게는 축사를 하셨고, 풍랑을 향해서는 선포를 하셨고, 또한 천사의 도움을 받으셨고, 혼자 산에 가서는 성령의 임재 가운데 있으셨습니다. 또한 나사로의 죽음 앞에서는 감사기도와 선포기도를 하셨고 겟세마네 동산에서는 헌신기도를 하셨습니다.

병든 자 에게는 선포와 안수 기도를 통해 문제를 해결 하셨습니다.

이렇게 주님도 한 가지 방법으로 기도하지 않으시고 여러 가지 방법으로 기도하고 사역하셨는데 왜 우리는 한 가지 기도만 하는 것입니까? 이는 뭔가 우리의 기도방법이 잘못 되었다는 뜻입니다.

우리는 주님의 종이며 제자입니다. 그렇다면 스승이신 주님이 기도하신 방법 그대로 해야 당연한 것입니다. 이제부터 우리 모두 종합기도를 하시길 바랍니다.

제7장

환상 기도

환상 기도

환상기도는 모든 기도의 기초이며 필수입니다. 환상기도는 모든 기도에 있어서 반드시 들어가야 할 약방의 감초다 라고 생각하시면 됩니다.

행 2:17 하나님이 가라사대 말세에 내가 내 영으로 모든 육체에게 부어 주리니 너희의 자녀들은 예언할 것이요 너희의 젊은이들은 환상을 보고 너희의 늙은이들은 꿈을 꾸리라

1. 환상 기도란

행 2장 17절을 보면 "하나님이 가라사대 말세에 내가 내 영으로 모든 육체에게 부어 주리니 너희의 자녀들은 예언할 것이요 너희의 젊은이들은 환상을 보고 너희의 늙은이들은 꿈을 꾸리라" 라고 하셨는데 이 말씀을 관심을 가지고 보면 너희의 젊은이들은 "환상을 보여주고" 라고 되어 있지 않고 "환상을 보고", "너희의 늙은이들은

꿈을 꾸리라”, “자녀들은 예언할 것이요” 이렇게 되어 있습니다.

예언은 사를 받아야 예언 할 수 있다고 말씀하지 않고 “ 예언할 것이요”라고 말씀하고 있으며 또한 “너희 젊은이들에게 내가 환상을 보여 주고”라고 되어 있지 않고 “너희 젊은이들은 환상을 보고” 라고 되어 있고, “내가 늙은이들에게 꿈을 꾸게 하리라” 라고 되어 있지 않고 “ 너희의 늙은이들은 꿈을 꾸고”라고 되어 있습니다.

우리는 지금까지 환상은 하나님이 보여 줘야만 볼 수 있다고 생각했습니다. 그런데 지금 말씀을 보면서 우리는 여기서 어느 것도 타동사로 되어있지 않고 자동사로 되어 있음을 알게 되었을 것입니다.

행 2:17절 말씀은 한결 같이 “내가 보고”, “ 내가 꿈을 꾸고”, “ 내가 예언하고”로 되어 있습니다.

그러니까 결국 이 말은 누구나 예언을 할 수 있고, 누구나 꿈을 꿀 수 있고, 누구나 환상을 볼 수 있다는 말입니다. 그런데 이 번 장에서는 예언이나 꿈에 대하여 다루지 않고 환상에 대해서만 다룰 것입니다.

행 2:17절에 나와 있는 환상이라는 말은 헬라어로 “호라오”로 되어 있습니다. 그런데 이 말은 내가 보는 것, 또는 환영, 또는 환상 이렇게 해석이 됩니다. 호라오는 말이 이렇게 해석되고 있는 것을 볼 때 우리가 금방 알 수 있는 것이 있는데 그것은 환상이라고 할 때 호라오는 두 가지 분류로 해석이 되는 것을 알 수 있습니다.

다시 말하면 하나는 내가 볼 수 있는 것을 말하고 또 한 가지는 하나님이 보여줘야 볼 수 있는 환영을 말하는 것입니다. 우리가 보통 환상이라 하는 것은 환영을 말하는 것입니다. 이것은 은사 적인 것입니다.

그러나 지금 행 2장 17절에서는 우리가 알고 있는 환영을 말하는 것이 아니라 내가 보는 것을 말하고 있습니다. 보기 싫으면 안 봐도 되고, 내가 보고싶으면 언제든지 볼 수 있는 것을 말합니다.

행 2:17절의 꿈이라는 말은 헬라어로 "에뉩니온"이라는 말로 꿈속에서 보는 환상이란 뜻을 가지고 있습니다. 다시 말해 잠자면서 보는 환상이 꿈이라는 것입니다. 그렇다면 꿈도 환상이라는 것입니다. 꿈이 환상이라면 결국 환상이라는 말은 결국 비전 즉 꿈을 말하는 것입니다. 우리가 꾸는 꿈(미래의 소망) 이것을 바로 행 2:17절에서는 환상이라 말하는 것입니다.

그런데 이 말을 다른 말로 하면 바로 상상하는 것을 말하는 것입니다. 그러므로 환상을 본다는 말은 곧 상상을 한나는 섯이며, 꿈을 꾼다는 것이며, 비전을 가진다는 것을 말합니다.

우리가 알고 있는 환영인 환상은 100% 이루 집니다. 그러나 문제는 이 환상은 1년이 걸릴지 10년이 걸릴지 100년이 걸릴지 1000년이 걸릴지 2000년이 걸릴지 아무도 모른다는 것입니다. 왜냐하면 요한 게시록은 아직도 이루어지지 않았고 구약에서 선지자들이 본 환상도 몇 백년 후에 이루어 졌기 때문입니다.

그러나 환상은 시간이 얼마나 걸리느냐가 문제지 반드시 이루어지는 것입니다. 이렇게 환상인 환영은 언제 이루어질지 모릅니다. 내가 죽고 나서 이루어질지 그건 아무도 모르지만 언젠가는 반드시 100%이루어진다는 것은 확실한 사실입니다.

그러나 내가 보는 환상은 내 마음대로 얼마든지 시간을 단축시킬 수 있는 것입니다. 지금도 이 환상으로 응답을 받을 수 있습니다. 왜냐하면 환상은 100% 이루어지기 때문입니다. 내가보는 환상도 100% 응답을 받을 수 있습니다.

이 환영이라는 환상은 시간이 많이 걸리지만 내가보는 환상은 내 생전에, 아니 몇 주안에, 아니 몇 일 안에, 아니 몇 시간 안에 응답을 받을 수 있습니다.

이 환상은 우리가 그림을 그리듯이 그림을 만들어서 보면 되고 우리가 미래를 꿈꾸듯이 꿈꾸면 되는 것이며 우리가 생각을 가지고 상상하듯 상상하면 되는 것입니다.

그래서 이 환상기도를 다른 말로 상상기도라고도 할 수 있습니다. 그런데 이 상상기도는 기도의 기본이며 필수입니다. 반드시 모든 기도에 넣어야 하는 것입니다.

이것이 얼마나 중요한지 모릅니다. 모든 기도에서 이 환상기도를 빼면 응답을 받을 수 없다고 생각해야 합니다. 우리가 축사를 하든지, 성령의 임재를 구하든지, 어떤 기도를 하든지 환상기도가 들어가야 되는 것입니다.

다시 말해 상상하며 기도하라는 것입니다. 이렇게 기도해야 응답이 오는 것입니다. 꿈은 이루어진다는 말이 있듯이 상상기도 즉 환상기도는 반드시 이루어집니다.

믿지 않는 사람도 꿈이 이루어진다고 믿는데 우리 주님 안에서 환상을 보면 틀림없이 이루어지게 되어 있는 것입니다.

우리가 알고 있는 환영인 환상은 특별한 사람만 가능하겠지만 그러나 내가 보는 환상은 그렇지 않습니다. 내가 마음만 먹으면 볼 수 있습니다.

내가 상상하는데 이렇게 하라 저렇게 하라 합니까? 이렇게 상상하는데 돈이 들어갑니까? 누가 상상하는데 하지 말라고 간섭합니까? 얼마든지 누구의 간섭도 받지 않고 마음껏 할 수 있는 기도가 바로 이 상상기도인 환상기도인 것입니다.

신 31:21 절을 보면 "나는 내가 맹세한 땅으로 그들을 인도하여 들이기 전 오늘날에 나는 그들의 상상하는 바를 아노라"

이를 현대인의 성경으로 보면 나는 그들을 약속의 땅으로 인도하기도 전에 그들이 생각하고 있는 것을 벌써 다 알고 있다"라고 되어 있습니다.

이스라엘 백성들은 약속의 땅에 들어가기 전에 젖과 꿀이 흐르는 땅이라는 비전을 가지고 있었습니다. 다시 말해 그들은 "야! 저 가나안 땅에 들어가면 젖과 꿀이 흐르고, 거기가면 바로의 핍박도 없을 것이며, 자녀도 마음껏 낳을 수 있을 것이며, 농사도 마음껏 지을 수 있을 것이며. 하나님께 영광도 마음껏 돌릴 수 있을 것이며, 부유하게 될 것이다"라고 상상했다는 것입니다.

그들은 이렇게 상상했습니다. 그런데 그들이 상상했던 것이 언제 이루어 졌습니까? 그때 당시에는 이루어지지 않았습니다. 그러나 그들의 조상들이 상상하는 것이 지금 이루어져서 그들의 후손들이 얼마나 잘살고 있습니까? 결과적으로 상상은 반드시 이루어지는 것입니다.

2. 환상이란 내가 보고 꿈꾸고 상상하는 것을 말한다.

히 11:1 "믿음은 바라는 것들의 실상이요 보지 못하는 것들의 증거니"라고 되어 있는데 다시 말해 믿음은 바라는 것들을 실상 즉 현실로 만든다는 것입니다.

첫째 장에서 믿음이 기도를 응답시킨다고 했습니다. 그런데 여기서 "바라는 것이란" 무엇을 말하는 것입니까? 그것은 꿈꾸는 것, 즉 상상 한 것 다른 말로 하면 환상 기도를 말하는 것입니다.

다시 말해 믿음은 환상으로 본 것만 실상으로 만드는 것입니다. 그냥 기도한 것을 실상으로 만드는 것이 아니라 바로 상상한(환상) 것을 실상으로 만드는 것입니다. 그래서 우리가 상상하며 기도해야 하는 것입니다.

창 37:19 "서로 이르되 꿈꾸는 자가 오는 도다" 요셉을 향해서 하는 말입니다. 그런데 요셉을 가리켜 형들은 꿈꾸는 자, 환상 보는 자, 상상이 많은 자라고 말하고 있습니다. 결국 그가 상상한데로 그대로 이루어졌지 않습니까? 환상은 반드시 이루어집니다.

빌 2:13 "너희 안에서 행하시는 이는 하나님이시니 자기의 기쁘신 뜻을 위하여 너희로 소원을 두고 행하게 하시나니"

여기서 소원을 두고 행한다고 했는데 이 소원이라는 말을 다른 말로 바꾸면 환상, 상상, 꿈이라는 말입니다.

다시 말해 하나님은 우리 안에서 행하시는데 우리가 상상하는 것, 우리가 보는 환상을 가지고 행하신다는 것입니다.

우리가 기도할 때 상상하지 않고 입만 가지고 주문 외우듯이 기도를 했기 때문에 바로 응답을 받지 못했던 것입니다. 이렇게 환상을 보며 기도를 하면 자연히 말이 느려지고 신중하게 기도하게 되어있고 간절하게 기도하게 되어 있습니다. 간절한 기도란 우리말에다 감정을 유입시키면 되는 것입니다.

3. 환상기도를 해야 응답 받는다.

기도의 대가들을 보면 다 그냥 기도하신 분들이 없습니다 다 상상하며 기도했습니다. 이렇게 상상하며 기도했을 때 그들은 많은 응답을 받았습니다.

이 환상기도를 조용기 목사님은 자화상 기도, 바라봄의 법칙, 4차원적 기도라고 말하고 케네스 해긴 목사님은 상상기도라고 말합니다. 그리고 저는 이 기도를 행 2:17절을 가지고 환상기도라 말하는 것입니다.

이 환상기도는 서론에서도 말씀 드렸듯이 기도의 감초라 생각하셔야 합니다. 이 기도는 기도의 기본이며 필수입니다. 그러나 기도할 때 거쳐 가는 것임으로 이것을 핵심이라 말할 수는 없습니다. 핵심은 다음에 소개가 될 것입니다.

성공하는 사람들의 일곱 가지 영적 비밀이라는 책을 보면 성공에 대한 목적을 정했으면 이제 그 목적을 이룰 때까지 상상하며 기도하라고 말합니다.

제 여동생은 영어를 아주 잘하는데 혼자 영어를 독파했습니다. 그런데 동생이 하는 말이 영어 단어를 외울 때 연필로 쓰면 안된다는 것입니다. 왜냐하면 단어를 연필로 쓰다보면 딴 생각을 하기에 암기가 되지 않는다는 것입니다. 그래서 영어 단어를 외울 때는 종이에 쓰지 말고 영어 단어를 한 번 외우고 그 다음에는 눈을 감고 눈으로 상상하며 단어를 그리듯이 쓰라는 것입니다. 그렇게 하면 영어 단어가 쉽게 외워지고 잊어버리지 않는다는 것입니다. 이것이 영어공부를 잘하는 비결이라는 것입니다.

다시 말해 영어를 공부하는 데도 상상하며 공부를 하면 영어를 잘 할 수 있다는 것입니다.

또한 스포츠나 의학에서도 기량 향상을 위해 우승한 모습을 상상하게 시키는데 연구 결과에 따르면 상상을 하면서 훈련을 시키면 그냥 운동만 한 사람하고 그 기량차이가 현격히 다르게 나타난다는 것입니다.

또한 암에 걸린 사람을 임상실험 했는데 한 그룹은 날마다 치료된 것을 상상하게 히고 힌 그룹은 그낭 약반 주었다고 합니다. 그런데 놀라운 결과가 나왔는데 약만 처방한 사람들은 거의 다 죽었고 약과 상상을 같이 시킨 그룹은 더 오래 살았고 또한 치유도 되었다는 것입니다.

이렇게 믿지 않는 사람들도 상상을 하며 운동과 처방을 했을 때

좋은 결과가 나왔는데 왜 우리는 이런 기도를 안 하는 것입니까?

아마 몰라서 못 했을 줄 압니다. 그러나 이제 상상기도가 이렇게 중요하다는 것을 알게 되었으니 반드시 기도할 때 상상하며 환상을 보며 하시길 바랍니다.

케네스 해긴 목사님의 책 건강의 양식이라는 책을 보면 이런 내용이 나옵니다.

"지난 1957년 9월 내가 아는 분 중에 82세 된 여성복음 전도자가 위암으로 2년간 병석에 누워 계셨습니다. 어떻게 그토록 장수할 수 있었는지 의사들도 이해가 되지 않았습니다. 의사들이 개복 하여 악성 종양이 여러 개 있는 것을 보고 그냥 그대로 꿰매어 버렸습니다. 더 이상 자기들은 할 일이 없다고 하였습니다.

나는 그녀에게 잠언 4:20~24절을 읽어 주고 싶은 마음이 들었습니다. 이렇게 말했습니다 '내가 병석에 누워 있을 때 이 구절 말씀을 붙잡았는데 한곳을 놓치고 있었다는 걸 알게 되었습니다.' 내가 말을 계속했습니다.

잠 4:21절은 말씀을 네 눈에서 떠나지 말게 하라고 말합니다. 이 구절이 나에게 전환점이 되었습니다. 나는 내 자신을 죽을 것으로 보았어요. 그러다가 이 구절을 붙잡고 하나님의 말씀에서 내 눈을 떼지 않았을 때 나는 내 자신을 산 것으로 보기 시작했어요.

나는 전에 한 번도 해본 적이 없는 일들을 내 자신이 하고 있는 것을 보기 시작했어요. 나는 그 소중한 여성에게 이렇게 말씀 드렸습니다. '저렇게 거대해진 배를 볼 때마다 그것이 오그라진 모습을 그려보십시오. 자신이 다시 복음을 전하는 모습을 그려보세요 하나님은 당신이 이렇게 죽는 것을 원치 않으십니다. 당신이 원힌다면 죽게 되겠지요, 하지만 먼저 하나님께서 당신을 치유하게 하시고 난 다음에 죽도록 하십시오. 이렇게 죽지 마세요. 하나님은 그런 식으로 죽는 데서는 영광을 얻지 못할 것입니다.'

그후 1958년 5월에 내가 텍사스주에서 집회를 하는데 한 여자가 찾아왔다. 그리고 나를 꼭 껴안으면서 '목사님, 저를 알아보지 못하시겠어요' 나는 그녀가 누구인지 알아보지 못했습니다. 자신이 누구라고 밝히자 이번에는 내가 두 팔을 벌려 그녀를 안고 '할렐루야'를 외쳤습니다. 알고 보니 여러 달 전에 내가 사역을 해 드렸던 바로 82세 된 여자 전도사였습니다. 그녀는 이렇게 말했습니다. '목사님께서 그때 나더러 죽지 말라고 하신게 기뻤어요.' 내가 금방 죽어서 천국 가는 것은 전하에 가상 쉬운 일이었을 거예요. 하지만 목사님께서 떠나신 후 새롭게 생각하기 시작했습니다.

나는 나의 거대해진 배를 볼 때마다 그것이 오그라진 모습을 그려보았습니다. 내 자신이 다시 복음을 전하고 영혼을 구원하는 모습을 그려보았습니다. 내 자신이 건강해진 것을 보았습니다. 두 세 달 안에 내 배가 줄어들었어요. 시간이 지나자 내 배는 평평해졌고 모든 증상들은 사라졌습니다. 이렇게 상상하며 말씀을 붙잡고 기도하면 어떤 문제든지 해결 받을 수 있는 것입니다. 그러므로 환상기도를 많이 해야 하는 것입니다.

또한 케네스 해긴 목사의 책을 읽다보면 케네스 해긴 목사의 영이 에녹과 같이 빨려 천국에 가서 먼저 죽은 여동생을 만난 내용이 나옵니다. 그런데 이렇게 천국에 갈 수 있었던 것은 바로 상상하며 기도할 때 이런 일이 일어났다는 것입니다

내 유일한 여동생인 올레타가 55살에 암으로 죽게되었다. 우리 집안 사람들은 모두 그녀가 마지막 숨을 거두는 날 저녁 그녀의 침대 곁에 모였습니다. 동생이 죽은 다음날 밤 한시 반쯤에 나는 내 여동생의 영이 그녀의 몸을 떠나서 주님과 함께 있기 위해 하늘나라로 올라갔을 때 어떤 상태일까 하고 침대에 누워서 생각하고 있었습니다.

이때 갑자기 엘리베이터 크기의 밝은 황금빛이 한줄기 하늘로부터 천정을 바로 뚫고 비쳤습니다. 그 빛이 내게 닿자마자 나의 영은 나의 몸을 떠났습니다. 마치 엘리베이터가 올라가듯 나는 그 빛줄기를 타고 하늘 나라에 도달할 때 까지 올라갔습니다.

그리고 그는 하늘에서 예수님과 동생이 이야기하는 소리를 들었

고 동생이 이 땅에 살고 있는 자기의 예수 믿지 않는 막내아들인 켄을 부탁하는 부탁도 들었습니다. "내 아들에게 그는 결코 행복하지 못할 것이며 그가 자신의 삶을 주님께 드리기 전에는 인생에서 아무 것도 잘되는 것이 없을 것이라고 말했는데 이 내용을 전해 달라는 것이었다."

그리고 해긴 목사님은 그곳에서 주님도 만나고 계시도 받았다고 합니다. 그런데 결국 이렇게 될 수 있었던 것은 바로 상상하였을 때 되었다는 것입니다. 이처럼 상상기도는 위대한 것입니다.

과학적으로 공부하는 것을 세미나를 통해 배운 적이 있습니다. 그 내용은 우리가 일반적으로 하는 공부는 좌 뇌만 활용하는 공부라는 것입니다. 그런데 이 좌 뇌의 역할은 단기 암기만 하는 역할을 하고 있다는 것입니다. 그래서 이 좌 뇌가 발달한 사람은 벼락치기 공부를 하면 바로 성적이 향상된다는 것입니다. 그러나 문제는 이렇게 벼락치기로 암기를 하면 장기 기억을 못하고 곧 바로 잊어버린다는 것입니다.

그러나 과하저 공부는 좌 뇌뿐만 아니라 우 뇌를 활용해서 하는 공부인데 우 뇌의 역할은 영상의 역할을 한다는 것입니다. 다시 말해 우 뇌의 기능은 영상으로 저장하는 기능을 한다는 것입니다. 그래서 우리가 체험을 하면 잘 잊어버리지 않는데 그 이유는 바로 체험한 것을 좌 뇌로 기억하는 것이 아니라 우 뇌인 영상으로 기억하기 때문에 그렇다는 것입니다.

그러나 우리가 하는 벼락치기 공부는 좌 뇌인 암기로만 기억하기 때문에 시험이 끝나면 곧 바로 잊어버린다는 것입니다. 그래서 우리가 잊어버리지 않고 장기적으로 기억하는 방법은 바로 좌 뇌와 우 뇌를 잘 활용하면 된다는 것입니다. 다시 말해 모든 단어를 영상으로 암기하면 그 단어들은 잘 잊어버리지 않고 장기 기억을 하게 된다는 것입니다.

환상기도가 중요한 이유는 여기에 있습니다. 공부도 좌 뇌만 가지고 하면 잘되지 않는 것처럼 기도 응답도 좌 뇌인 입만 가지고 하면 응답을 받지 못하기 때문입니다. 그러나 공부도 우 뇌를 활용해 영상에 저장하면 잘하는 것 같이 기도도 바로 환상을 보면서 해야 응답을 받게 되기 때문입니다. 그러므로 기도 할 때는 반드시 환상 기도를 통해 해야 되는 것입니다.

한 번은 제가 심장이 오그라지는 것 같고 아픈 증상이 있었던 적이 있었습니다. 그때 저는 몇 일 동안 환상을 보며 상상을 했습니다. 내 심장 속에 있는 근육과 세포와 조직과 혈관들이 성령의 감동을 받아 성령 춤을 추듯이 춤을 춘다고 상상하며 환상을 보았습니다.

그런데 놀라운 일이 일어났는데 어떤 물줄기 같은 것이 저의 심장 속에 흐르는 느낌이었습니다. 그런데 그런 느낌이 있은 후 심장은 정상이 되었고 지금까지 건강합니다. 그런데 이렇게 된 것 역시 환상을 보며 상상하였을 때 치료되었던 것입니다.

결론

기도의 감초가 있는데 그 감초는 바로 환상기도이며, 상상기도이며, 자화상기도이며, 바라봄의 법칙 기도입니다. 그러므로 이제 기도할 때마다 상상하며 해야 됩니다. 그것이 축사이든, 축복이든, 감사기도든, 어째든 모든 기도의 기본이며 필수는 상상하며 기도해야 하는 것입니다. 이 기도를 하지 않으면 응답이 늦어진다고 생각하고 기도하실 때마다 이 환상기도를 넣고 하시기 바랍니다 그러면 많은 응답을 받을 수 있습니다.

그래서 저는 이 기도를 다른 말로 김치 국부터 먹는 기도라고 말합니다. 우리 나라 속담에 떡 줄 사람은 생삭지도 않는데 김치 국부터 먹는 다는 말이 있는데 저는 이렇게 생각합니다. "김치 국을 먹으면 다음에 떡이(응답) 온다"고 말입니다.

그런데 이 김치 국부터 먹는 기도가 바로 환상기도인 것입니다. 그러므로 환상기도를 많이 하셔서 많은 응답 받으시길 바랍니다.

제8장

첫 사랑 기도

1. 하나님을 용서하자

첫사랑 기도는 기도 중에 중요한 기도입니다. 조엘 오스틴 목사님의 책인 긍정의 힘이라는 책을 보면 "하나님을 용서하라"라는 말이 나옵니다.

하나님을 용서해야 된다는 말을 우리로서는 이해가 되지 않는 말입니다. 왜냐하면 하나님께 우리가 회개하여 용서받는 것에 대해서는 익숙하지만 하나님을 용서해야 된다는 말은 처음 듣는 말이기 때문입니다. 그러나 조엘 오스틴 목사님은 하나님을 용서해야 된다고 말합니다.

우리가 나를 용서하고 남을 용서하는 것도 중요하지만 하나님을 용서하는 것은 더 중요하나는 것입니다. 사람들은 은근히 하나님께 분노를 품고 있다는 것입니다.

성도들도 그렇고 목회자들도 그렇고 대부분의 성도들이 하나님께 분노를 품고 있다는 것입니다. 다만 그 분노의 종류가 다를 뿐이지 암암리에 누구나 분노를 품고 있다는 것입니다.

왜냐하면 예상치 못했던 환난을 당할 때 "예를" 들어 사랑하는 아내나 남편이 불의의 사고로 갑자기 죽는다든지 아니면 사랑하는 자녀가 불의의 사고로 갑자기 죽는 다든지 하면 우리는 하나님께 분노를 품게 된다는 것입니다. "내가 이제까지 주님을 위해서 이렇게 했는데 왜 이런 일이 나에게 일어나는 것입니까?", "왜 나에게 이런 고통이 오는 것입니까?" 하고 하나님을 원망한다는 것입니다. 그래서 조엘 오스틴 목사님은 우리에게 "하나님을 용서하라"고 말씀하고 있는 것입니다.

제가 이 말씀을 기도응답 전문학교를 하면서 드리니까 어떤 분이 말씀 하셨습니다. "제가 그랬습니다. 제가 그렇게 하나님을 원망했습니다." 하고 말하는 것을 들어보았습니다.

또 어떤 분은 "내가 주님을 위해 젊음과 물질을 드렸는데 하나님 이럴 수가 있습니까?" 하며 하나님을 원망하는 것을 들어 본적이 있습니다.

가만히 생각해 보시기 바랍니다. 하나님께 대한 원망, 하나님께 대한 분노가 우리에게 얼마나 많이 있습니까? 아마 누구나 조금씩은 품고 있지 않을까 생각합니다.

가만히 생각해 보니까 저도 2002년 전까지만 해도 암암리에 하나님을 원망하는 마음을 품었던 것 같습니다. 왜냐하면 다른 사람에게 저를 소개할 때 "목사님! 하나님은 저를 서자로 생각하시나

봐요"하고 소개하곤 했기 때문입니다.

그러나 제가 처음 주님을 만났을 때는 그렇지 않았습니다. 하나님은 나만 사랑하고 다른 사람은 관심도 없고, 사랑 하시지도 않고 오직 나만 사랑하시는 줄 알았습니다.

마치 아버지께서 주님을 독생자로 사랑하셨던 것 같이 저를 하나님이 그렇게 사랑하시는 줄 알았었습니다. 마치 부모가 자녀를 사랑할 때 똑같이 사랑하지만 자녀의 입장에서는 엄마는 나만 사랑하는가봐 하고 착각하는 것 같이 제가 그렇게 주님의 사랑을 독차지한다고 생각했었습니다.

그래서 10여 년 동안 너무 주님의 사랑이 고마와 눈물 가운데 살았습니다. 그런데 목회를 하면서 이렇게 해도 안되고, 저렇게 해도 안되고 하면서 많은 어려움을 겪으면서부터는 언제부터인지 다른 사람에게 저를 서자로 소개하기 시작했던 것입니다.

제가 이렇게 다른 사람에게 저를 서자로 소개했다는 것은 표현이 좋을 뿐이지 내 속에 있는 분노를 긍정적으로 하나님께 표출한 것에 지나지 않았던 것입니다.

예전의 서자가 얼마나 서러웠습니까. 아버지가 있지만 마음대로 아버지라 부를 수 없었고, 능력이 있어도 출세 할 수 없었지 않습니까? 그러니 서자는 서러운 것입니다. 제가 다른 사람에게 저를 서자로 소개했다는 것은 결국 하나님께 그렇게 라도 해서 저의 불만과 분노를 표현하고 싶어서 그렇게 소개했던 것이었습니다.

2. 그러면 왜 우리가 하나님을 용서해야 한다는 말이 나왔을까요?

그 이유는 너무 간단합니다. 그것은 첫사랑을 잊어 버렸기 때문입니다. 우리는 첫사랑 하면 내가 주님을 위해 뭔가를 한 것만 자꾸 생각하는데 이렇게 주님을 위해 내가 한 것을 생각하는 순간 첫사랑은 잊어버리는 것입니다.

“내가 주님을 위해 청춘을 바쳤고, 몸을 바쳤고, 돈도 바쳤다”라고 생각하는 순간 우리는 첫사랑을 잊어버리며 이렇게 고백하는 순간 하나님께 대한 분노가 시작되는 것입니다.

왜냐하면 첫사랑은 내가 한 것을 생각하는 것이 아니라 내가 받은 것만 생각하는 것이기 때문입니다. 그런데 우리가 하나님께 한 것을 내세우고 말하고 고백하기 시작한다면 어떻게 되겠습니까?.

이것을 한 번 투자라는 것으로 예를 들어 설명하겠습니다. 어떤 사람이 100만원을 투자했는데 그가 투자한 이유는 100만원을 투자하면 천 만원을 벌을 것 같아 투자했습니다. 그런데 결과적으로 투자보다 적은 50만원밖에 이익을 얻지 못했다면 그는 과연 어떻게 생각하겠습니까? 투자보다 적게 얻었기에 그는 망했다고 생각하고 자기를 원망하고 또 자기에게 투자하라고 권한 사람을 원망하지 않겠습니까?

그러나 만약 이 사람이 100만원을 이웃에게 나누어주었는데 50만원이 돌아왔다면 이 사람은 어떻게 생각하겠습니까? 아마 공돈이 생겼다고 좋아하고 감사하지 않겠습니까, 만약 우리가 하나님께 몸을 드리고, 돈을 드리고, 젊음을 드리고, 모든 것을 다 드린 것을 투자라고 생각하면 어떻게 되겠습니까? 자기는 이렇게 하면 이보다 더 큰 것을 하나님이 주실 줄 알고 했는데 투자에 비해 응답이 적다면 아마 대부분 사람들은 하나님을 원망하지 않겠습니까?

그러나 우리가 하나님께 다 드린 것이 마치 이웃에게 돈을 나누어준 것 같고 돌아올 것을 생각하지 않고 하나님께 드렸는데 하나님은 나에게 생각지도 않았던 자녀도 주고, 남편도 주고, 아내도 주고, 사업체도 주었다면 이 사람은 어떻게 생각하겠습니까? 원망이 어디 있습니까 그저 그저 감사하다는 말밖에 할 말이 없을 것입니다.

예를 들어 우리가 하나님께 모든 것을 다 드렸다고 생각합시다. 그러나 그것을 가지고 우리가 천국의 땅 한 평이라도 살수 있겠습니까? 전혀 살수 없습니다. 그런데 그런 천국을 우리에게 하나님이 거져 주셨다는 것입니다. 이렇게 하나님께서 우리에게 주신 것만 생각한다면 아마 불만을 품을 사람은 하나도 없을 것입니다. 그러나 돌아올 것을 생각하고 하나님께 투자했는데 투자에 비해 응답이 적게 왔다면 하나님을 원망하지 않겠습니까?. 바로 원망은 이렇게 해서 생기는 것입니다.

그러므로 첫사랑을 찾기 원하신다면 받은 것만 생각하시길 바랍니다. 그러면 잃어버린 첫사랑의 감정을 다시 찾게 될 것입니다. 다시 말해 내가 주님을 위해 청춘을 바치고, 전도하고, 목회하고, 열심히 내고, 헌금하고 한 것만 생각하지 말고 주님이 짐승만도 못하고 벌레만도 못한 나에게 구원을 주시고 생명을 주시고 아내와 남편과 자식과 직장을 주셨다고 생각해 보시기 바랍니다.

내가 주님을 위해 한 것은 생각하지 말고 주님이 내게 베푸신 것만 생각해야 하는 것입니다 그러면 이제부터 주님의 은혜만 생각하면 눈물이 나오고 감사가 나오고 기쁘기만 할 것입니다.

그러나 여전히 내가 주님을 위해 투자한 것만 생각한다면 여전히 하나님께 대한 원망과 분노가 나올 것입니다. 저는 이렇게 사는 삶을 가리켜 찬송가적 삶과 복음성가적 삶이라고 말하고 싶습니다.

저는 음악의 전문가가 아닙니다. 그래서 표현이 적당할지는 모르지만 제가 알기에는 복음성가는 나의 신앙고백 또는 간증과 전도를 위한 곡이라 알고 있습니다. 그러나 찬송가는 하나님이 내게 행하신 것을 찬양하는 곡으로 알고 있습니다. 다시 말해 복음성가적 삶이란 내가 한 것만 하나님 앞에 생각하게 하고 자랑하게 하는 삶입니다. 그러나 찬송가적 삶이란 주님이 벌레 같은 나에게 은혜를 베푸신 것만 생각나게 하는 삶을 말합니다.

우리가 찬송가적인 삶을 산다면 아마 원망이 없어질 것입니다. 저는 요즘 기도 할 때나 잠들기 전에 주님이 내게 행하신 은혜만 생각합니다. 그러면 저도 모르게 눈에 이슬이 맺히고 고맙고 감사한 마음과 사명감으로 불타오르는 것을 느낍니다.

3. 우리가 첫사랑을 찾아야 하는 이유는?

우리가 첫사랑을 찾아야 하는 이유는 사람도 원망하면 자꾸 도망가듯이 하나님도 우리가 자꾸 원망하면 할수록 우리 곁에서 도망가시기 때문입니다.

하나님을 우리 곁에서 쫓아버리시고, 기도응답과 복을 받기를 원한다는 것은 어불성설입니다. 이렇게 원망을 하면 복을 받을 수 없는 것입니다.

사람도 원망하는 사람 곁에는 가고 싶어하지 않습니다. 부모도 자녀를 자꾸 원망하면 자녀라 할지라도 부모 곁에 가고 싶어하지 않는 것입니다, 친구끼리도 자꾸 원망하면 그 친구는 만나기도 싫게 되며, 부부간에도 자꾸 원망하면 결국 이혼하게 되어 있습니다.

공명현상이라고 하는 것이 있습니다. 공명현상이란 우리가 말을 하면 반드시 말에는 파장이 생기는데 그런데 이 파장이 상대방에게 그대로 전달되는 현상을 가리키는 말입니다. 예를 들면 내가 "저 사람! 싫어" 하면 그 사람도 "이미 당신을 싫어하고 있다는 것입니다. 이렇게 내가 싫은 것을 상대방도 같이 느끼는 현상을 바로 공명현상이라고 하는 것입니다. 이렇게 우리가 상대방을 원망한다던가, 싫어하는 말을 하고 생각을 하면 벌써 그도 알고 나를 싫어해 떠나는 것입니다.

원망은 이렇게 모든 사람을 내 곁에서 떠나게 만드는 행위 인 것입니다. 이렇게 우리가 사람을 원망하면 사람이 내 곁에서 떠나는 것 같이 우리가 하나님을 원망하면 하나님도 이와 같이 우리 곁을 떠나시는 것입니다. 그러므로 원망해서는 안 되는 것입니다.

그러나 사람을 향해 네가 최고다 하며, 칭찬하고, 너를 만난 것이 행운이다 하며 칭찬해 보시기 바랍니다. 그러면 그 사람은 그에게 더 잘 하려고 노력합니다.

마찬가지로 하나님도 우리가 원망하면 원망할수록 도망가시지만 우리가 자꾸 사랑한다고 하고, 감사한다고 하면 하나님도 우리 곁에 계시려 하고 도우실 수만 있으면 도우시려고 하시게 되는 것입니다. 그래서 원망해서는 안되고 사랑한다고 고백해야 되는 것입니다.

4. 제가 좋아하는 성경구절은 요 3:16절과 시 8:4절과 시 23:6절입니다.

요 3:16 하나님이 세상을 이처럼 사랑하사 독생자를 주셨으니 이는 저를 믿는 자마다 멸망치 않고 영생을 얻게 하려 함이라.

제가 이 구절을 좋아하는 이유는 하나님께서 나를 이처럼 사랑하신다는 말 때문입니다. 저는 이처럼 이라는 말을 들으면 연상되는 것이 있습니다. 그것은 제가 어렸을 때 어머니께 "엄마 나 얼마나 사랑해?" 하고 물으면 어머니는 말씀하시길 "하늘만큼, 땅 만큼 사랑하지?" 하고 대답하셨습니다.

그런데 바로 이처럼 이라는 말이 그런 뜻입니다. 더 이상 형용할 수 없는 사랑을 표현할 때 쓰는 표현이 바로 이처럼 이라는 말입니다. 그러므로 요 3:16절의 이처럼 이라는 말을 하늘만큼 땅만큼 이라는 말로 바꾸어 쓰면 이렇게 됩니다.

"하나님께서 나를(세상) 하늘만큼 땅만큼(이처럼) 사랑하사 예수님을 주셨으니"가 됩니다. 하나님이 저를 하늘만큼 땅만큼 이렇게 사랑하신다는 것입니다.

그래서 저는 기도 할 때마다 "하나님 아버지 저를 이처럼 사랑해 주셔서 너무 너무 감사합니다" 하고 기도합니다. 그리고 이처럼 이라는 말씀 때문에 요 3:16절의 말씀을 좋아하게 되었습니다.

제가 또 좋아하는 말씀은 시 8:4절인 "사람이 무엇이관대 주께서 저를 생각하시며 인자가 무엇이관대 주께서 저를 권고하시나이까" 라는 말씀입니다.

이 말씀은 예수 그리스도를 상징하기에 감히 좋아 할 수도 없었던 구절이었습니다. 그러나 이 시 8:4절을 자세히 보면 이는 당시에 다윗이 쓴 시이기에 "사람이"나 "저를"이라고 쓴 말씀은 예수님이 아닌 다윗을 말하는 것입니다.

그러므로 시 8:4절을 바꾸면 이렇게 해석이 됩니다. "하나님 아버지 저 다윗이 무엇이관데 아버지께서 저 다윗을 이렇게 생각해 주시고 저 다윗이 무엇이관데 아버지께서 저 다윗을 이렇게 보살펴 주시는 것입니까?" 하고 고백하는 구절이 바로 시 8:4절인 것입니다.

이는 다윗이 어떻게 신앙생활했는지 그 마음이 잘 나타나 있습니다. 시 8:4절을 통해 볼 때 다윗이 평생동안 첫사랑 가운데 신앙생활 할 수 있었던 것은 바로 시 8:4절과 같은 고백이 있었기 때문입니다. 다윗은 평생동안 한 번도 하나님을 원망한 적이 없었는데 그 이유는 이렇게 주님이 행하신 것만 생각했기 때문입니다. 다윗이라고 하나님께 불만을 토할 내용들이 없었겠습니까? 그러나 다윗은 자기가 하나님께 한 것을 내세우지 않고 하나님께서 하신 것만 생각했던 것입니다. 이렇게 생활한 그는 평생동안 첫사랑 가운데 뜨겁게 신앙생활을 할 수 있었던 것입니다. 그래서 저는 시 8:4절을 말씀을 가지고 기도할 때마다 인용해서 기도합니다. 그러면 얼마나 마음이 뜨거워지는지 모릅니다. 그리고 감사한지 모릅니다.

저는 또한 시 23:6절 말씀을 좋아합니다

"나의 평생에 선하심과 인자하심이 정녕 나를 따르리니 내가 여호와의 집에 영원히 거하리로다"

이 시 23:6절 말씀을 쉽게 말씀 드리면 "하나님께서 나의 평생동안 나에게 복을 주시려고 나를 쫓아다닌다는" 말씀입니다. 저는 이 말씀을 보면 연상되는 것이 있습니다.

그것은 아이가 밥을 먹지 않으려 할 때 엄마가 밥그릇을 가지고 억지로라도 먹이려고 쫓아다니는 것이 생각납니다. 그런데 바로 시 23:6절 말씀이 이런 말씀입니다. 하나님이 우리에게 복이라는 밥그릇을 가지고 복을 주시기 위해서 쫓아다닌다는 말씀이 시 23:6절 말씀입니다.

시8:4절이나 시 23:6절 말씀은 다윗이 고백한 시입니다. 다시 말해 이는 다윗의 신앙고백입니다. 다윗은 이렇게 평생동안 살았기에 첫사랑 가운데 살수 있었고 하나님의 마음에 합한 자가 될 수 있었고, 이스라엘 역사상 가장 존경받는 왕이 될 수 있었던 것입니다.

요 3:16절과 시 8:4절과 시 23:6절 말씀들은 한결같이 내가 주님께 한 것을 상기시키는 구절이 아닌 주님이 내게 행하신 은혜만 생각나게 하는 구절들입니다. 이 말씀들을 인용해서 고백하고 ,묵상하면 얼마나 뜨거워지고, 눈물이 나고, 성령 충만해지는지 모릅니다. 저는 이것을 인용해서 고백할 때마다 사명감과 주님의 은혜에 감사해 마음이 뜨거워지곤 합니다.

저는 기도할 때마다 이 세 구절을 인용해서 이렇게 고백합니다 "하나님 아버지 인자가(제가) 무엇 이건데 저를 이처럼 사랑해 주셔서 저를 권고해 주시고 하나님의 선하심과 인자하심으로 저에게 복을 주시는 겁니까" 하며 고백을 합니다.

결론

제가 기도응답은 기도로 받는 것이 아니라 믿음으로 받는다고 말씀 드리면서 땡깡 부리며 떼쓰며 억지 부리는 눈물은 흘리지 말라고 말씀 드렸습니다. 그러나 이제 우리는 많이 울어야 합니다.

그것은 주님께 사랑을 고백하며 울어야 합니다. 주님을 너무 사랑하기에 울어야 합니다. 이런 고백을 하면서 이제는 밤이 세도록 울어야 합니다. 저도 이런 고백을 하며 가끔 눈물을 흘립니다.

　그러면 하나님의 위로하심과 성령의 임재하심이 얼마나 강하게 오는지 모릅니다. 성령의 임재는 이런 고백을 할 때 강하게 임하시는 것입니다.

　그러므로 성령의 충만함을 받기 원하면 첫사랑 고백을 많이 하시길 바랍니다. 그리고 우울증에 걸렸다면 이런 첫사랑 고백을 많이 하시길 바랍니다.

　우울증은 결국 내가 한 것만 생각하기 때문에 생기는 병입니다. 그러나 하나님께 받은 것을 생각하며 기도하시길 바랍니다. 이렇게 기도하면 성령의 위로하심과 임재는 아주 강하게 역사 하시므로 안에서부터 평안과 희열이 넘치게 되므로 우울증이 떠나게 되어 있습니다.

제9장

헌신 기도

1. 헌신기도를 많이 하자

우리가 눈물로 기도해야 될 부분이 있는데 그것은 첫사랑기도와 헌신기도입니다. 이 두 부분 외에는 울지 말아야 합니다.

우리는 날마다 울면서 기도하면 문제가 해결 될 줄 알지만 오히려 울을 일만 계속 생기게 됩니다. 그러므로 울지 마시고 울고 싶으시면 첫사랑 기도와 헌신기도 할 때만 눈물로 기도하시기 바랍니다.

헌신기도와 첫사랑 기도 가운데 흘리는 눈물은 하나님을 가까이 다가오게 하는 눈물이며 하나님이 기뻐하시는 눈물입니다. "자기가 좋다고 눈물까지 흘리며 사랑을 고백하는데 싫어할 사람이 어디 있겠습니까?."

이제부터 우리가 눈물로 기도하고 싶다면 헌신기도와 첫사랑기도 할 때만 눈물 흘리시기 바랍니다. 그러면 하나님이 우리에게 가까이 다가오실 것이며 우리의 소원을 들어주실 것입니다.

마 26:39 조금 나아가사 얼굴을 땅에 대시고 엎드려 기도하여 가라사대 내 아버지여 만일 할 만하시거든 이 잔을 내게서 지나가게 하옵소서 그러나 나의 원대로 마옵시고 아버지의 원대로 하옵소서 하시고

마 26:42 다시 두 번째 나아가 기도하여 가라사대 내 아버지여 만일 내가 마시지 않고는 이 잔이 내게서 지나갈 수 없거든 아버지의 원대로 되기를 원하나이다 하시고

눅 22:42 가라사대 아버지여 만일 아버지의 뜻이어든 이 잔을 내게서 옮기시옵소서 그러나 내 원대로 마옵시고 아버지의 원대로 되기를 원하나이다 하시니

2. 겟세마네 기도는 헌신기도이다.

마 26:39절과 마 26:42절과 눅 22:42절의 기도는 겟세마네 동산에서 예수님이 하신 기도입니다. 그런데 이 기도를 대부분 사람들은 예수님이 십자가에 달리시는 것이 두려워 피했으면 하는 구걸식 기도로 생각합니다. 그러나 어떤 분은 이 기도에 대하여 말하길 "이 기도는 하나님께 살고 싶어 떼를 쓰는 구걸식 기도가 아니라 하나님께 헌신하는 헌신기도다"라고 말합니다.

그 목사님이 말하길 우리가 두 시간 또는 세시간을 기도해 놓고 "하나님 아버지 이것이 만일 하나님의 뜻이라면 응답해 주시고"라고 하는 기도는 기도응답을 포기하는 기도라는 것입니다. 그러나

우리는 대부분 이렇게 기도합니다. 그래서 기도응답을 우리가 받지 못하는 것입니다.

이는 마치 "아무 초상집에나 가서 누가 죽었는지도 모르고 실컷 울고 나서 그런데 누가 죽었어요"하는 것과 같은 기도라는 것입니다. 다시 말해 하나님의 뜻을 구하는 기도는 응답을 포기한 기도라는 것입니다. 왜냐하면 자기가 기도하는 기도의 내용이 하나님의 뜻인지 아닌지도 모르고 기도한다는 것은 기도응답을 포기한 것과 다름이 없기 때문입니다. 마치 초상집에 가서 실컷 울고 나서 누가 죽었느냐고 물어보는 행위와 똑 같다는 것입니다. 자기와 관계 있는 사람이 죽었는지 아니면 자기와 아무 관계없는 사람이 죽었는지 알지도 못하고 우는 것과, 내 기도의 내용이 하나님의 뜻인지 아닌지 모르고 기도한 것과 다를 것이 없기 때문입니다.

그래서 그 목사님은 이런 기도는 응답을 받을 생각도 하지 말라는 것입니다. 그는 말하길 "우리가 두 시간을 눈물 흘리며 기도해 놓고 하나님 아버지 이것이 만일 하나님의 뜻이라면 응답해 주세요 하는 식의 기도는 그 동안 두 시간 동안 울며 기도한 모든 기도의 내용을 취소시키는 기도"라는 것입니다. 그는 눅 22:42절의 "만일 이것이 하나님의 뜻이라면" 하고 기도에 "만일" 이라는 말을 넣었는데 여기서 "만일" 이라는 말은 다른 어떤 기도에서는 사용할 수 없는 기도이고 이 기도는 오직 헌신기도에서만 사용할 수 있는 기도라는 것입니다.

"만일" 이라는 말은 뜻을 구하는 기도에 사용하는 단어가 아니라 헌신기도에만 사용할 수 있는 단어인 것입니다. 눅 22:42절의 겟세마네 기도는 하나님의 뜻을 찾는 기도가 아니라 하나님께 헌신하는 헌신기도인 것입니다 그러므로 눅 22:42절을 바로 해석하면 이 말은 "아버지를 위해서라면 저는 무엇이든지 하겠습니다" 하는 기도가 눅 22:42절의 겟세마네 동산의 기도인 것입니다.

주님이 겟세마네에서 3시간 동안 같은 내용을 반복했습니다. 그러면 우리는 생각하길 주님도 중언부언 즉 구걸기도를 하셨다고 생각하는데 이것은 구걸기도가 아닌 바로 헌신기도입니다.

그러므로 헌신기도는 많은 시간을 들여 하면 할수록 좋은 것입니다. 다시 말해 헌신기도는 중언부언 식으로 같은 말을 반복해서 해야 되는 것입니다. 왜냐하면 주님이 그렇게 했기 때문입니다.

또한 헌신기도는 눈물을 흘리고 싶으면 많이 흘리며 해야 하는 기도입니다. 아니 피를 토하며 해도 좋은 기도입니다. 왜냐하면 주님이 겟세마네에서 헌신 기도할 때 땀방울이 핏방울이 되도록 기도했기 때문입니다. 이 말은 주님이 피를 토하며 헌신기도 했다는 말입니다. 헌신기도는 많은 시간을 투자해서 간절하게 피를 토하듯이 해야 되는 것입니다.

우리가 보통 하는 기도의 방법을 그대로 헌신기도에 적용하면 쉽게 이해가 될 것입니다. 지금 우리가 보통 하는 기도는 헌신기도에 해당하는 방법으로 하고 있습니다. 헌신기도의 목적은 응답이 아니라 주님을 향한 신앙고백에 해당 한다고 보면 됩니다.

3. 헌신기도를 해야할 이유

찰스갭스는 작정기도를 하지 말라고 하는데 그 이유는 작정기도는 애걸복걸 기도 즉 구걸기도에 속하기 때문이라는 것입니다. 또한 우리는 작정만 해놓고 작정이 끝나면 응답이 되는 줄 아는데 그렇지 않다는 것입니다. 왜냐하면 작정기도는 자기가 하나님께 약속한 약속만 지킨 것이지 기도응답과는 관계가 없기 때문이라는 것입니다.

그는 헌신기도에 대해서 말하길 "헌신기도는 나의 고집을 꺽고 '하나님께 나를 맞추는 기도이며' 신앙고백의 기도"라고 말했습니다. 지는 이를 한 바디로 말해서 헌신기도는 하나님께 코드를 맞추는 기도라 말하고 쉽습니다.

토미테니도 역시 성령의 임재를 끌어당기고 싶으면 헌신기도를 많이 하라고 말씀하고 있습니다. 토미테니는 말하길 헌신기도를 많이 하면 교회 부흥도 자동적으로 되고, 물질 문제라든가 기타 다른 문제들도 다 자동적으로 해결된다는 것입니다. 우리가 헌신기도를 하면 성령의 임재가 강하게 임합니다. 이렇게 헌신기도는 중요합니다.

케네스 해긴 목사님은 말씀하시길 "왜 과거 50년 전에는 환자들이 지금처럼 많지 않았는데 지금은 왜 이렇게 환자들이 많고, 왜 이렇게 병들이 많고, 왜 이렇게 성도들이 병에 많이 걸리냐면 옛날 성도들 보다 지금 성도들이 병이 많은 것은 옛날 성도들은 헌신기도를 많이 했는데 요즘 성도들은 헌신기도와 헌신 기도적인 찬양을 하지 않기 때문"이라고 했습니다. 그래서 옛날 성도들 보다 요즘 성도들이 더 병에 많이 걸린다는 것입니다. 이렇게 병과 헌신기도는 밀접한 관계가 있습니다. 그러므로 여러분들은 헌신기도를 많이 하시길 바랍니다.

헌신기도라는 말은 사명적인 기도라 할 수 있는데 그 내용은 "제가 주님을 위해서라면 무엇이든지 할 수 있습니다. 주님을 위해서라면 순교도 할 수 있고, 죽으라면 죽는시늉까지도 할 수 있습니다. 주님이 원하면 내 몸을 초개같이 던질 수도 있습니다." 하는 것이 바로 헌신기도 입니다.

어떤 분들은 이렇게 말하는 것을 들었습니다. "나는 다시 태어나도 ( )가 될 것이다." 이 말을 그냥 들으면 엄청난 신앙 고백적인 말처럼 들리지만 그러나 잘 생각해 보면 문제가 심각한 말입니다.

왜냐하면 이 말 속에는 불교의 윤회 사상이 들어가 있습니다. 우리 기독교는 이 땅에 다시 태어날 수 없습니다. 그러나 불교는 돌고 돌기에 다시 이 땅에 태어날 수 있습니다. 이 말은 이런 사상 가운데 나온 말이기에 아주 위험한 말이고 또 한 가지 문제는 이렇게 말하는 분들은 지금 현재 일에 최선을 다하지 않는다는 것입니다. 왜냐하면 다시 태어나서 다시 할 것을 생각하기에 오늘 하루를 살 때 오늘은 나의 마지막 기회다 생각하지 않기 때문입니다.

저는 청년시절 담임 목사님이 신학을 하라 해서 신학을 하기 시작했는데 그런데 제가 걱정한 것이 하나 있었습니다. 그것은 신학을 하면 앞으로 어떻게 먹고 살 것인가가 걱정이 아니라 주님이 나에게 순교를 원하면 내가 할 수 있을까 하는 것이었습니다. 그리고 기도 가운데 결론이 나왔습니다. "그래! 주님이 원하면 순교도 할 수 있다." 그래서 신학을 했고 신학을 하는 동안 눈물을 흘리며, 기도하며 책을 보았습니다.

때로는 점심 먹는 시간이 아까워 점심도 먹지 않고 도서실에 가서 책을 읽었습니다. 그리고 강의 시간에는 "주님! 이 공부는 저를 위해 하는 공부가 아니라 주님을 위해서 하는 공부입니다."하고 기도하고 강의에 임했는데 이렇게 기도하면 눈물이 이슬처럼 맺히고 사명감이 투철해 졌습니다. 그래서 아주 열심히 공부했습니다.

제가 강의에 임하면서도 항상 생각한 것은 "만약 내가 잘못 알고 잘못 배워 후에 성도들에게 잘못 가르치면 그것에 대한 책임은 내가 받을 것이다. 그러므로 나는 열심히 배워야 한다" 생각하고 진짜 열심히 책을 보았습니다. 제가 왜 이런 말씀을 드리냐면 제가 이렇게 열심히 공부 할 수 있었던 이유는 신학교에 들어가기 전에 순교로 사명을 감당한다고 헌신기도 했기 때문입니다.

교회를 개척하며 많은 어려움을 겪으면서도 열심히 책을 보며 공부하고 기도할 수 있었던 이유는 신학교 들어 가기 전에 순교도 할 수 있다는 헌신기도가 있었기 때문입니다. 그래서 고비 고비 때마다 이것이 순교다 하고 담대히 정면으로 승부 했습니다. 그랬더니 문제가 해결되곤 했습니다.

그런데 요즘 신학을 하시는 분들을 보면 이런 순교적인 헌신기도를 하면서 하는 분들도 있지만 그렇지 않은 경우가 더 많은 것 같습니다. 대부분은 좋아서 신학을 하는 것 같습니다. 좋아서 하는 것은 좋은 말입니다. 그러나 좋지 않을 때는 어떻게 한다는 것입니까. 그러나 순교적 각오로 헌신하는 분들은 좋아서 신학을 하는 것이 아니라 말 그대로 헌신해서 하는 것입니다. 이렇게 헌신해서 하시는 분들은 감정으로 살지 않습니다. 기분으로 살지 않습니다. 오직 주님을 위해서만 삽니다. 이런 분들은 좋아도 주님을 위해 최선을 다하고, 싫어도 주님을 위해 최선을 다합니다. 이것이 좋아서 신학을 했느냐, 헌신해서 했느냐의 중요한 차이점입니다.

결론

우리가 기도할 때 눈물로 기도하고 싶다면 이제부터 땡강 부리고 떼를 쓰는 눈물을 흘리지 말고, 헌신기도와 첫사랑 고백에 눈물을 흘리시기 바랍니다. 땡강 부리는 눈물은 하나님이 싫어 하지만 첫사랑 기도나 헌신기도를 하면서 흘리는 눈물은 하나님이 기쁘시게 받으시는 눈물이며, 성령의 임재를 받는 눈물이며, 문제를 해결하는 눈물이며, 하나님의 관심을 끄는 눈물입니다. 그러므로 이런 눈물을 많이 흘리시길 바랍니다.

제가 기도할 때 성령의 불을 세 번 강하게 받은 적이 있는데 그런데 그때 공통적으로 불 받기 전에 했었던 기도가 있었는데 그것은 헌신기도와 첫사랑 기도였습니다. 목사님의 설교를 들으면서 은혜를 받고 그리고 뜨겁게 헌신기도와 첫사랑기도를 했습니다. 그랬더니 성령의 불이 강하게 임했습니다.

그러므로 성령의 불을 받고 싶으면 목사님들의 설교를 들으며 은혜를 받으시고 그리고 뜨겁게 헌신기도와 첫사랑 기도를 하시길 바랍니다. 그러면 성령의 불이 강하게 임하는 것을 느낄 수 있을 것입니다.

제10장

바디랭귀지 기도

1. 몸으로 기도해야 한다.

우리가 해야할 기도는 바디랭귀지 기도입니다. 다른 말로 하면 몸으로 하는 기도입니다. 몸으로 말하는 기도인데 아주 중요한 기도에 속합니다.

세계의 공통어는 영어와 몸으로 말하는 바디랭귀지 입니다. 이렇게 몸으로 표현하는 것도 일종의 언어인 것 같이 기도할 때 몸을 사용해서 하는 것도 기도입니다. 다시 말해 몸으로 표현하는 것도 일종의 기도인 것입니다.

2. 몸으로 하는 기도는 기도의 4물결이다.

이 몸으로 하는 기도를 바닥에다 깔고 우리는 기도할 때마다 해야 되는 것입니다. 그래서 이 부분을 지금 다루려고 합니다. 몸을 사용해서 기도해야 합니다. 몸을 사용해서 하지 않으면 안됩니다. 기도의 제2물결을 통성기도라 하고 기도의 제3물결을 영성 운동이라 한다면 기도의 제4물결은 복합기도입니다. 다시 말해 모든 방법을 다 사용해 하는 기도를 말합니다.

지금 다루고자 하는 바디랭귀지 기도가 바로 이 4물결의 기도라 보면 될 것입니다. 우리가 가만히 한 번 생각해 보시기 바랍니다. 우리가 억울한 일이나, 속상한 일이나 진짜 통곡 할 일을 당하면 사람들은 땅바닥을 손으로 치면서 웁니다. 그리고 너무 좋은 일이 생기면 사람들은 말로만 좋다고 하지 않고 몸을 움직이며 환호성을 지릅니다.

또한 농아들은 수화로 얼마든지 대화를 나눌 수 있지 않습니까? 이와 마찬가지로 우리는 몸으로 얼마든지 간절함을 표현할 수 있고 기도도 할 수 있는 것입니다.

모든 기도의 기본이며 필수는 환상기도라고 앞에서 말했습니다. 그런데 우리가 환상을 보면서 기도를 하면 자동적으로 이 바디랭귀지 기도가 됩니다. 우리가 환상을 보면서 기도하다보면 자동적으로 환상을 본 것을 손으로 설명을 해야 하기 때문에 바디랭귀지 기도가 되는 것입니다.

저는 축사를 할 때도 그냥 말로만 하지 않고 마귀를 향해 실제적으로 손짓 발짓을 하면서 합니다. 그런데 외국의 어느 목사님의 책을 보니까 그분도 축사나 선포를 할 때 이렇게 실제적으로 행동을 취하면서 한다고 말합니다.

성경을 보면 우리가 살아있을 동안에는 영, 혼, 육을 구별을 하지 않고 영, 혼, 육을 하나로 취급을 합니다. 그래서 혼을 영으로 말하기도 하고 영을 혼으로 말하기 합니다. 왜냐하면 살아있는 동안에는 영혼이 분리되지 않았기 때문에 영, 혼, 육을 분리하지 않고 같이 쓰기 때문입니다.

그래서 성경에서는 영이 아프면 혼이 아프고 혼이 아프면 육이 아프다고 합니다. 다시 말해 살아있는 동안에는 영, 혼, 육중 한곳이 좋지 않으면 다른 곳도 좋지 않다고 말합니다.

굳이 살아 있을 동안은 구별할 필요가 없다는 것입니다. 성경을 보면 영혼과 육체를 구별하지 않고 쓰는 경우가 많이 나오는데 그 중에 몇 곳을 살펴보겠습니다.

눅 12:19절을 보면 "또 내가 내 영혼에게 이르되 영혼아 여러 해 쓸 물건을 많이 쌓아 두었으니 평안히 쉬고 먹고 마시고 즐거워하자 하리라 하되"라고 되어 있는데 여기서 "내 영혼아 평안히 쉬라" 했지만 실제적으로 이는 영혼을 편히 쉬라 하는 것이 아니라 육체를 향해 하는 말입니다. 왜냐하면 음식을 먹는 것은 육체가 먹는 것이지 영혼이 먹는 것이 아니기 때문입니다.

또한 마 16:26절을 보면 "사람이 만일 온 천하를 얻고도 제 목숨을 잃으면 무엇이 유익하리요 사람이 무엇을 주고 제 목숨을 바꾸겠느냐"라고 말씀하지만 실제적으로 여기서 목숨은 영혼을 의미하는 것입니다. 사람이 온 천하를 얻고도 영혼이 지옥 가면 무슨 소용이 있느냐는 말입니다.

그러나 성경은 영혼과 목숨을 같이 쓰고 있습니다. 이는 살아있는 동안에는 영혼이 분리되지 않았기에 영혼과 육체를 하나로 보기 때문입니다.

또한 잠 6:32절을 보면 육체가 간음했는데 영혼이 망한다고 표현을 합니다. 이는 영혼과 육체를 같이 보기 때문입니다

"잠 6:32 부녀와(원어에서는 여자로 되어 있음) 간음하는 자는 무지한 자라 이것을 행하는 자는 자기의 영혼을 망하게 하며"

제가 왜 이런 말씀을 드리냐면 성경은 살아있는 동안에는 영, 혼, 육을 하나로 취급한다는 것입니다. 그러므로 우리의 육체도 살아있는 동안에는 영이라 말할 수 있는 것입니다.

또한 우리 육체라는 것이 무엇입니까? 결국 영혼에 흙으로 도배한 것과 같은 것이 아닙니까? 그러므로 우리의 육체를 그냥 영이라 말한다고 해도 그렇게 크게 잘못 생각하는 것은 아니라는 것입니다.

우리가 몸으로 기도해야 한다고 했는데 바로 몸으로 하는 기도는

결국은 육체가 하는 제스츄어가 아니라 영이 하는 제스츄어가 될 수 있는 것입니다. 그래서 몸으로 기도하라는 것입니다. 왜냐하면 몸은 영의 손짓이기 때문입니다. 이렇게 몸으로 하는 기도는 아주 중요합니다, 그래서 그런지 구약의 선지자들은 실제적으로 모든 기도를 할 때 몸을 동원해 기도했습니다.

4. 성경 인물들은 바디 랭귀지 기도를 했습니다.

출 17:8~13절을 보면 아말렉과의 전쟁이 나옵니다. 그때 모세는 산에서 손을 들고 기도하고 여호수아는 전쟁에 나가 싸웠습니다. 그런데 전쟁의 승패는 여호수아에게 달려 있는 것이 아니라 모세의 손에 달려 있었습니다. 우리 생각으로는 손을 들고 기도하나 손을 내리고 기도하나 그게 그거지 별 차이가 없어 보입니다. 그러나 성경은 그렇게 말하지 않고 모세의 손에 전쟁이 달려 있었다고 말합니다. 이렇게 모세가 손을 들고 기도한 것이 바로 바디랭귀지 기도인 것입니다. 다시 말해 영의 기도인 것입니다. 이처럼 모세도 몸으로 하는 기도를 했던 것입니다.

왕하 19:14절을 보면 히스기야가 앗수르의 왕에게서 온 편지를 보고 여호와의 전에 나가 그것을 펼쳐 놓고 하나님께 보여 드리며 기도하는 장면이 나옵니다. 우리 생각으로는 그냥 기도만 해도 되었을 텐데 하며 생각하겠지만, 히스기야는 그렇게 입으로만 하지 않고 편지를 하나님께 보여 드리며 기도했습니다. 그렇게 했을 때 문제가 해결되었습니다. 이는 히스기야도 바디랭귀지 기도를 했던 것입니다.

삼상 1:13절에 나오는 한나도 바디랭귀지 기도를 했고 창 32:24절에 이하에 나오는 야곱도 역시 바디랭귀지 기도를 했습니다. 또한 왕상 18:42절에 나오는 엘리야의 갈멜산 기도인 머리를 무릎사이로 넣고 한 기도도 역시 바디랭귀지 기도 였습니다. 또한 왕하 4:34절에 나오는 수넴 여자의 죽은 아들을 엘리사가 살려낼 때도 그 아이와 눈, 코, 입을 맞대었을 때 살아났습니다. 우리 생각으로는 그냥 기도만 하지, 하고 생각하겠지만 그렇지 않습니다. 엘리사도 역시 바디랭귀지 기도를 했던 것입니다.

이외에도 성경을 찾아보면 구약의 기도자들은 그냥 기도하지 않고 기도할 때 반드시 몸으로 같이 기도했습니다. 그리고 이렇게 했을 때 그들은 언제나 응답을 받았다는 것입니다. 그러므로 몸으로 하는 기도는 이렇게 중요합니다.

이 중요한 기도를 우리는 안하고 입으로만 합니다. 그래서 기도

응답을 많이 받지 못하는 것입니다. 그러므로 앞으로는 이렇게 몸으로 하는 기도를 반드시 기도할 때 넣어서 해야 합니다.

제가 교회에 처음 다닌 것은 고등학교 2학년 때부터인데 몸이 좋지 않아서 병을 치료받고자 교회에 나가기 시작했습니다. 저는 교회에 가면 병이 낫는지 몰랐습니다. 그런데 어느 집사님이 다른 병든 사람은 기도해 주면서 나에게는 기도해 주지 않는 것이었습니다. 그러면서 교회에 가면 병이 낫는다고 해서 교회에 가게 되었는데 고등학교를 졸업할 때까지도 낫지 않았습니다. 그래서 병을 치료받기 위해 개척교회에 다니기 시작했습니다.

담임목사님께 중보기도를 부탁하고 혼자 기도하기 시작했습니다. 그때 저는 그냥 기도하지 않고 살려달라고 기도하며 교회 바닥을 떼굴 떼굴 굴러다니며 기도했습니다.

그런데 놀라운 일이 일어났습니다. 하나님의 음성이 들렸습니다. 주님은 음성가운데 말씀하시길 "내가 너를 살려 주면 되지 않겠느냐"는 것이었습니다. 이 음성을 듣고 저는 모든 병에서 치료를 받았고 불면증반 치료되지 않았었습니다.

그런데 제가 그때 치료를 위해 기도할 때 평범하게 입만 가지고 기도했다면 아마 병은 치료받지 못했을 것입니다. 그러나 그때 저는 바디랭귀지로 기도했던 것입니다. 그러자 하나님의 음성이 들렸고 치료되었던 것입니다.

한 번은 제가 김포의 어느 집회에 갔습니다. 그 집회는 영성집회 였는데 다른 사람은 다 불을 받고 뜨겁다고 뒹구는 것이었습니다. 그러나 저는 충청도 사람이라 가만히 조용히 서서 기도만 했습니다. 그때 저를 아는 어떤 목사님이 오셔서 목사님 그렇게 하시지 말고 펄쩍 펄쩍 뛰면서 주여! 주여!를 하라고 하셨습니다. 그래서 그렇게 해 보았습니다.그런데 놀라운 일이 일어났습니다. 성령의 임재가 임했습니다. 저의 손에 전기가 아주 강하게 흐르더니 곧 손이 움직여지지 않을 정도로 굳는 것이었습니다. 그때 강사님은 저를 보고 말씀 하시길 "목사님! 능력 받았습니다" 하는 것이었습니다.

만약 제가 그때 가만히 서서 조용히 기도했다면 이런 일이 일어났겠습니까? 바디랭귀지 기도를 하자마자 이런 일이 일어났던 것입니다.

제가 신학을 할 때 선배 목사님들이 말씀하시길 능력을 받으려면 산에 가서 소나무를 하나 뽑으면 된다는 것이었습니다. 저는 이 말을 그때는 이해하지 못했습니다. 그러나 바디랭귀지 기도를 알고 나서는 이해가 되었습니다. 다시 말해 능력이나 은사를 받으려면 입만 가지고 기도해서는 안 된다는 것입니다. 몸도 같이 기도해야 된다는 말이었습니다.

결론

여러분이 기도를 많이 했는데도 응답을 그렇게 만족할 정도로 받지 못했다면 그 이유는 여러 가지 있겠지만 그 중에 한 가지가 바로 입으로만 기도했지 바디랭귀지 식으로 기도하지 않았기 때문일 수도 있습니다.

그러므로 앞으로는 기도하실 때마다 입으로 하면서 손과 몸을 같이 움직이며 해 보시길 바랍니다. 그러면 응답이 예전과는 다름을 느낄 수 있을 것입니다. 저는 혼자 기도할 때는 입만 가지고 기도하지 않고 언제나 손과 몸을 사용해서 합니다. 축사를 할 때도 그렇고, 환상을 볼 때도 그렇고, 감사기도를 할 때도 그렇게 합니다.

제11장

축사 기도

축사 부분과 다음 장에서 다룰 천사 부분은 사실은 신학적으로 민감한 부분이라서 우려가 되지만 기도응답을 다루어야 하기 때문에 이 부분을 건드리지 않고 넘어갈 수 없어 다룹니다. 그래서 부탁 드립니다. 이 축사 부분을 기도응답의 측면에서만 이 책을 봐주셨으면 합니다.

1. 마귀에 대한 우리의 오해

첫째로 마귀는 무소 부재한 존재가 아닙니다.

우리는 마귀가 무소 부재하며 전지전능한 이원론적 존재인줄 아는데 그러나 그는 피조물입니다. 그는 하나님과 같이 무소 부재하지도 않고 전지전능하지도 않고 하나님과 동등한 이원론적 존재가 아닙니다.

무소 부재라는 말을 다른 말로 표현하면 충만하다라는 말인데 충만 이라는 것은 빈틈이 없는 것을 말합니다. 전지전능하다는 말은 불가능한 것이 없는 것을 말합니다.

욥 1:7 여호와께서 사단에게 이르시되 네가 어디서 왔느냐 사단이 여호와께 대답하여 가로되 땅에 두루 돌아 여기 저기 다녀왔나이다

마귀가 무소 부재하지 못하고 전지전능하지 못한 이유는 그가 말했듯이 욥 1:7절을 보면 "여호와께서 사단에게 이르시되 네가 어디서 왔느냐 사단이 여호와께 대답하여 가로되 땅에 두루 돌아 여기 저기 다녀왔나이다." 여기서 보다시피 땅에 두루 돌아 여기저기 다니는 존재가 마귀인 것입니다.

이렇게 여기저기 돌아다니는 존재는 오직 피조물밖에 없습니다. 그러므로 마귀는 두루 돌아다니는 타락한 천사라는 것이 증명이 되었습니다.

둘째로 마귀는 사람 몸 속에 들어오는 존재가 아닙니다.

마귀는 사람의 몸 속에 들어오는 존재가 아닙니다. 우리가 졸으면 졸음 마귀가 들렸다고 표현하는데 사실은 마귀는 사람 몸 속에 들어오지 못하는 존재입니다. 왜냐하면 마귀는 타락했건 안 했건 간에 그는 전직이 천사였던 것입니다. 천사는 사람 몸 속에 들어오

지 못하는 존재입니다. 만약 천사가 사람 속에 들어온다고 하면 이는 신학적으로 큰 문제가 되는 것입니다.

테리로 목사의 천사를 만난 사람들이라는 책을 보면 이런 내용이 나옵니다. 천사와 마귀는 각각 한쪽 귀에다 말을 한다는 것입니다. 마귀는 마귀의 말을 해서 사람들의 생각을 움직여 타락시키고 천사는 하나님의 뜻대로 살도록 한쪽 귀에다 말을 한다는 것입니다.

무슨 말이냐 하면 테리로 목사가 말했듯이 천사는 우리의 귀에다 말을 하는 존재이지 우리 속에 들어와서 말을 하는 존재가 아니라는 말입니다.

요 13:2 마귀가 벌써 시몬의 아들 가룟 유다의 마음에 예수를 팔려는 생각을 넣었더니

대상 21:1 사단이 일어나 이스라엘을 대적하고 다윗을 격동하여 이스라엘을 계수하게 하니라

물론 성경에 보면 가룟 유다 속에 사단이 들어갔다는 표현을 하고 있기도 하지만 요 13:2절을 보면 사단이 들어간 것이 아니라 "예수를 팔려는 생각을 넣었다는 것입니다"

또한 대상 21:1절을 "사단이 일어나 이스라엘을 대적하고 다윗을 격동하여 이스라엘을 계수 하게 하니라"라고 되어 있는데 이를

현대인의 성경으로 보면 사단이 "다윗의 마음을 충동하여"라고 말하고 있습니다.

이는 생각을 충동하여 다윗이 죄를 짓도록 했다는 것입니다. 마귀는 이처럼 우리 속에 들어오는 존재가 아니라 우리 밖에서 우리의 생각을 지배하는 존재인 것입니다.

셋째로 그는 능력은 있지만 권세는 없는 존재입니다

그는 능력이 있는 존재이지 권세는 없는 존재입니다. 그는 천사였다가 타락했기에 그는 능력은 있지만 하나님이 가진 권세는 없습니다. 물론 세상 임금의 권세는 가지고 있지만 하나님과 같은 권세는 없는 것입니다.

그의 권세라 하는 것은 세상 안에서 행하는 권세로 그것은 타락한 천사의 능력에 지나지 않는 것입니다. 그러므로 마귀를 무서워하고 두려워 할 필요가 없는 것입니다.

2. 영혼을 그늘지게 하는 영적 요소가 있습니다.

우리가 기도응답 받지 못하는 이유는 믿음의 기도를 하지 못해서 못 받는 경우도 있지만 그러나 영적인 문제로 인해 받지 못하는 경우가 있습니다. 우리가 기도하면 하나님은 언제나 특별하지 않고는 모든 응답을 즉각적으로 주신 다는 것입니다.

그런데 우리가 즉각적으로 응답을 받지 못하는 이유는 영혼을 그늘지게 하는 요소가 있어서 그렇다는 것입니다.

단 10:12-13절을 보면 이 내용이 아주 잘 나와 있습니다.

단 10:12 그가 내게 이르되 다니엘아 두려워하지 말라 네가 깨달으려 하여 네 하나님 앞에 스스로 겸비케 하기로 결심하던 첫날부터 네 말이 들으신 바 되었으므로 내가 네 말로 인하여 왔느니라

단 10:13 그런데 바사국 군이 이십일 일 동안 나를 막았으므로 내가 거기 바사국 왕들과 함께 머물러 있더니 군장 중 하나 미가엘이 와서 나를 도와 주므로

여기서 보면 다니엘이 기도 하자마자 하나님은 응답을 주셨지만 마귀가 21일 동안 기도응답을 가지고 오는 천사를 방해함으로 기도응답이 21일 동안 지체되었다는 깃입니다. 이렇게 우리의 기도응답을 방해하는 영적 존재가 있기에 바로 축사가 필요한 것입니다.

고후 4:4절을 보면 "그 중에 이 세상 신이 믿지 아니하는 자들의 마음을 혼미케 하여 그리스도의 영광의 복음의 광채가 비취지 못하게 함이니 "

여기서 이 세상 신이라는 말은 천사였다가 타락한 마귀를 말합니다. 이 세상 신인 마귀는 믿지 않는 자들의 마음을 혼미케 하여 예수를 믿지 못하게 합니다.

그러나 여기서 우리가 생각 할 수 있는 것은 과연 이 세상 신인 마귀가 믿지 않는 사람들만 방해하느냐는 것입니다. 마귀는 믿지 않는 자들을 향해서는 복음을 받아들이지 못하게 하지만 믿는 자들에게는 바사국을 잡고 있어 우리가 기도해도 응답을 받지 못하게 하는 것입니다. 이는 마치 태양이 아무리 강렬하고 뜨거워도 하늘에 구름이 껴 있으면 태양 빛이 가리워 지는 것과 같은 이치입니다.

마귀는 바로 우리의 영계를 방해해 기도응답을 받지 못하게 영계를 그늘지게 하는 그런 자입니다. 그래서 축사를 해야 합니다.

3. 그러면 어떻게 이 영적 요소를 제거할 수 있겠습니까?

첫째로 이 영적 요소를 제거하기 위해서는 축사가 필요합니다.

요일 3:8을 보면 "죄를 짓는 자는 마귀에게 속하나니 마귀는 처음부터 범죄 함이니라 하나님의 아들이 나타나신 것은 마귀의 일을 멸하려 하심이니라"라고 말씀하십니다. 다시 말해 하나님의 아들이신 예수님이 오셔서 하신 일이 바로 마귀의 일을 멸하신 것입니다. 여기서 성경은 분명히 마귀의 일을 멸하러 오셨다고 했지 마귀를 멸하러 오셨다고 하지 않고 있습니다. 이는 마귀는 영적 존재이기에 영원히 멸할 수 없기 때문입니다. 멸하는 대신 지옥에 던지시는 것입니다.

주님이 이 땅에 오신 이유에 대하여 요일 3:8절은 분명히 밝힙니다. 마귀의 일을 멸하러 오셨다고 말입니다. 그런데 여기서 멸하다라는 말은 헬라어로 "뤼오"라는 말로 " 풀어주다, 깨뜨리다, 파괴하다, 풀다, 놓아주다라는 뜻을 가지고 있습니다. 그런데 이말을 간단하게 말하면 마귀의 일을 취소시키시기 위해 오셨다는 말입니다.

둘째로 그렇다면 마귀의 일이 무엇입니까?

그것은 인생의 문제를 일으키는 것입니다. 인생의 문제라 하면 첫째로 영혼을 형통하게 하지 못하게 하는 것을 말하고, 둘째로 경제적으로 어렵게 만드는 것을 말하고, 셋째는 몸에 질병을 가져다 주는 것을 말합니다. 마귀는 바로 이 세 가지 인생의 문제를 가지고 성도들을 괴롭히고 사람들을 괴롭히는 것입니다.

한 번 따지고 보면 인생의 문제라는 것은 다 이 세 가지에서 파생된 문제입니다. 자녀가 예수 믿지 않아서 고민하는 것은 영혼의 문제이며, 경제적으로 어려워서 고민하는 것은 물질의 문제이며, 질병 때문에 고민하는 것은 건강의 문제입니다.

우리의 가정에서 이 세 가지가 해결되면 세상에 걱정할 것이 아무 것도 없습니다. 가족들이 다 예수 믿고, 건강하고, 부유하면 그 가정에서 걱정할 것이 없습니다.

그러나 이 세 가지 중에 한 가지라도 잘못되면 우리는 얼마나 고민이 많습니까. 그래서 인생의 문제라 하면 이 세 가지를 말하는 것입니다. 그런데 마귀는 이 세 가지를 가지고 믿는 자들과 믿지 않는 자들을 공격해 어려움을 줍니다.

마귀는 믿는 사람들에게 신앙생활을 제대로 하지 못하게 하여 영혼과 하나님을 분리시키려 하고, 또한 믿지 않는 사람들에게는 영혼과 하나님을 분리시켜 예수 믿지 못하게 하여 지옥에 가게 합니다. 마귀를 가리켜 디아 볼로스라 하는데 이 말은 디아 발로라는 말에 왔는데 디아 발로란 "적대적 감정을 가지고 공격하는 것을 말하고" 디아 볼로스는 "사이"를 벌리는 것을 말합니다.

그래서 영혼과 하나님 사이를 벌려 지옥에 가게하고, 우리 속에 질병을 넣어서 육체와 영혼을 분리시켜 죽게 하고, 이웃과 이웃을 분리시켜 가난하게 만드는 것입니다. 물질의 문제는 이웃과의 사이가 나쁘면 가난하게 되어 있는 것입니다.

그래서 마귀는 이 세 가지를 가지고 성도들에게서 마귀의 일을 하는 것입니다. 어떤 분들은 마귀와 사탄이 다른 존재라고 생각하는데 그러나 계 12:9절을 보면 같은 존재임을 알 수 있습니다. 굳이 따지자면 마귀와 사탄은 사역 적인 면에서 다르게 표현 할 뿐이지 사실은 같은 존재입니다.

계 12:9 큰 용이 내어쫓기니 옛 뱀 곧 마귀라고도 하고 사단이라고도 하는 온 천하를 꾀는 자라 땅으로 내어쫓기니 그의 사자늘도 저와 함께 내어쫓기니라

셋째로 그러면 예수님은 어떻게 마귀의 일을 멸하셨나?

마귀의 일을 멸하는(최소 시키는) 방법 중에 가장 효과적인 방법이 있다면 그것은 축사입니다. 얼마 전까지만 해도 축사 이야기만 하면 이단 소리를 들었습니다.

그러나 우리 나라에서 영성 운동이 일어나면서 축사하면 이단으로 정죄 하는 사람들은 거의 없고 많은 분들이 축사 사역을 하고 있는 것으로 압니다.

축사를 다른 말로 하면 약 4:7절에 나와 있는 것 같이 마귀를 대적하는 것을 말합니다. 축사라는 말은 "사탄을 쫓는다"는 말입니다. 약 4:7절을 보면 "마귀를 대적하라 그리하면 너희를 피하리라" 이렇게 되어 있습니다.

우리는 마귀를 대적하되 좀 효과적인 방법으로 대적해야 하는데 그것은 마귀를 저주하며 대적하는 것입니다. 여기서 저주라는 말

은 카타라 오마이라는 말로 되어 있는데 그 뜻은 "욕설을 퍼붓다"라고 되어 있습니다.

마귀를 대적할 때는 욕설을 퍼붓듯이 그렇게 마귀를 대적하라는 것입니다. 어떤 사람은 마귀에게 욕설을 퍼붓듯이 대적하라 하면 왜 마귀에게 욕을 하느냐? 고 말하며 사람과 같이 인격적으로 대하라고 하는 분도 있습니다.

그러나 우리가 분명히 알 것이 있는데 욕은 사람에게 해서는 안 된다는 것입니다. 그런데 이런 사람은 오히려 사람에게는 욕을 하면서 마귀에게는 욕을 하지 못하게 합니다. 그러나 성경은 사람은 욕할 대상이 아니라, 사랑할 대상이라 하고 있고, 오히려 우리가 욕할 대상은 마귀라고 말하고 있습니다.

그러므로 마귀를 인격적으로 대해 주어야 합니다. 여기서 마귀를 인격적으로 대해 주라는 말은 마귀를 저주하고, 욕하고, 대적하고, 축사하라는 말입니다. 사람을 사랑하고 아끼는 것이 사람을 인격적으로 대해주는 것이라면 마귀를 인격적으로 대해 주는 것은 이렇게 대적하는 것을 말합니다.

어떤 분은 마귀를 대적하라 하면 굉장히 당황해 합니다. 왜냐하면 마귀를 화내게 하면 큰 일 난다고 생각하기 때문입니다. 우리는 주님이 마귀를 대적했던 방법으로 마귀를 대적해야 하는데 그것은 영혼을 그늘지게 하는 마귀를 향해 축사를 해야 하고, 질병을 가져다주는 마귀를 향해 축사를 해야 하고, 가난하게 하는 마귀를 향해 축사를 해야 합니다. 이렇게 할 때 바로 마귀가 하는 이 세 가지 일을 우리가 취소 시킬 수 있는 것입니다.

4. 축사는 예수님 시대에는 보편화 되었던 것이다.

미국의 플러 신학교의 찰스 크래프트는 그의 책 신자가 소유한 놀라운 권세에서 말하길 축사를 못하게 하는 것은 마귀에게 속했기 때문에 못하게 한다는 것입니다. 그러면서 그는 반드시 축사해야 할 이유에 대하여 설명하길 "예수님도 축사를 했고, 제자들도 축사를 했고 더 나가서 그 시대에는 바리새인의 아들들도 축사를 했고, 마술사도 축사를 했고, 제사장도 축사를 했는데 왜 우리는 축사를 못하게 하고 축사를 안 하는 것이냐는" 것입니다. 그는 말하길 오늘날 교회의 타락의 원인이 바로 축사를 하지 않아서 시작되었다고 말합니다.

마 12:27절을 보면 "또 내가 바알세불을 힘입어 귀신을 쫓아내면 너희 아들들은 누구를 힘입어 쫓아내느냐" 함으로 이 말속에는 바리새인의 아들들도 이미 축사를 했다는 것입니다. 이처럼 축사는 예수님 당시에도 보편화가 되어 있다는 것이 찰스 크래프트의 말입니다.

막 9:38을 보면 "요한이 예수께 여짜오되 선생님 우리를 따르지 않는 어떤 자가 주의 이름으로 귀신을 내어쫓는 것을 우리가 보고 우리를 따르지 아니하므로 금하였나이다" 함으로 당시에 얼마나 많은 사람들이 축사를 했는지 알 수 있습니다. 왜냐하면 예수를 믿지 않았지만 예수의 이름을 가지고 축사를 할 정도로 그 당시에 축사가 유행했습니다.

그러면 왜 바리새인의 아들들은 축사를 해도 귀신이 나가지 않았을까요. 그것은 예수의 이름으로 하지 않았기 때문입니다. 그들은 아도나이라는 이름으로 축사를 했기에 마귀가 나가지 않았던 것입니다. 그러나 예수님의 제자들은 예수의 이름으로 축사를 했습니다. 그러자 마귀가 떠났습니다. 그래서 바리새인들이 시기가 나서 지금 하는 말이 마 12:27절입니다.

행 19:13 이에 돌아다니며 마술하는 어떤 유대인들이 시험적으로 악귀들린 자들에게 대하여 주 예수의 이름을 불러 말하되 내가 바울의 전파하는 예수를 빙자하여 너희를 명하노라 하더라 행 19:14 유대의 한 제사장 스게와의 일곱 아들도 이 일을 행하더니…

여기서 보면 당시에 얼마나 축사가 유행했던지 마술사도 축사를 했다는 것이며, 유대의 제사장도 축사를 했던 것입니다. 문제는 차라리 그들이 믿지 않았다고 해도 예수의 이름으로 명했다면 아마 귀신이 나갔을 것입니다. 그러나 그들은 예수이름을 가지고 하기는 했지만 귀신이 나가지 않은 이유는 바울이 전하는 예수라는 이름을 빌려서 했기에 마귀가 나가지 않은 것입니다.

5. 왜 축사가 필요할까요?

마 4:10~11절을 보면 "이에 예수께서 말씀하시되 사단아 물러가라 기록되었으되 주 너의 하나님께 경배하고 다만 그를 섬기라 하였느니라 11절 이에 마귀는 예수를 떠나고 천사들이 나아와서 수종드니라"

마4장은 예수님께서 광야에서 40일 금식기도를 마치고 마귀에게 시험받는 장면이 기록되어 있습니다. 그런데 여기서 마귀는 두 번이나 예수님을 시험하고도 떠나지 않았습니다.

그리고 세 번째 또 시험을 했습니다. 그때 주님이 지금 축사를 하고 계신 부분이 바로 "사단아! 물러가라"하는 부분입니다. 잘 생각해 보시기 바랍니다. 분명히 예수님은 하나님의 아들이십니다.

다시 말해 예수님은 하나님이십니다. 그런데 마 4:10절을 보면 마귀가 예수님을 시험하고 물러가지 않았다는 것입니다. 마귀가 예수님을 떠난 것은 예수님이 사단아 물러가라 하고 축사하신 후에 떠났다는 것입니다.

저는 생각해 보았습니다. 만약 예수님이 세 번째 시험을 받을 때도 축사를 하지 않으셨다면 어떻게 되었을까? 하고 말입니다. 제 생각으로는 마귀는 아마 4번째도 시험을 했고 그때 예수님이 역시 축사를 하지 않았다면 어쩌면 축사할 때까지 마귀는 예수님을 계속 시험했을 지도 모릅니다. 이처럼 마귀는 하나님이신 예수님까지도 시험했고 축사할 때까지 떠나지 않다가 축사하자 떠났습니다. 그렇다면 오늘 우리는 어떻겠습니까? 아마 말도 못하게 마귀가 시험할 것입니다. 우리가 축사하기 전까지 떠나지 않고 말입니다. 그래서 축사가 우리에게 반드시 필요 한 것입니다.

약 2:19절을 보면 "네가 하나님은 한 분이신 줄을 믿느냐 잘하는도다 귀신들도 믿고 떠느니라"

여기서도 분명히 귀신은 우리가 예수 믿고 있고, 교회에 다니고 있고, 하나님의 자녀인 것을 안다는 것입니다. 이렇게 알기에 혹시 우리가 축사할까봐 두려워 떤다는 것입니다. 그러나 약 2:19절을 자세히 보면 귀신이 떨고만 있지 우리에게서 떠났다고 하고 있지 않습니다. 다시 말해 마귀는 우리에게서 우리가 축사할까봐 떨면서도 자기가 할 일은 다 하고 있는 것입니다. 그래서 축사가 필요한 것입니다.

약 4:7절을 보면 "그런즉 너희는 하나님께 순복 할지어다 마귀를 대적하라 그리하면 너희를 피하리라"

여기서 보면 하나님께 순복 하라 했습니다. 여기서 순복이라는 말은 순종하기 싫으면 복종해서라도 어째든 축사는 하라는 것입니다. 이렇게 우리가 축사함으로 마귀를 대적하면 마귀는 하나님을 피하는 것이 아니라 우리를 피한다는 것입니다. 그래서 축사는 꼭 필요한 것입니다.

벧전 5:8절을 보면 "근신하라 깨어라 너희 대적 마귀가 우는 사자같이 두루 다니며 삼킬 자를 찾나니"

다시 말해 우리가 마귀를 대적하지 않으면 마귀는 우는 사자 같이 삼키려고 우리를 향해 달려든다는 것입니다. 그러므로 축사를 해야 하는 것입니다. 그래서 벧전 5:9 "너희는 믿음을 굳게 하여 저를 대적하라"하고 있습니다. 이렇게 축사는 꼭 해야 하는 것입니다.

막 9:29절인 “이르시되 기도 외에 다른 것으로는 이런 유가 나갈 수 없느니라 하시니라”

이 말씀을 먼저 장에서 살펴보았지만 이 말씀은 간구 기도가 아닌 축사라는 것을 이미 말씀 드렸습니다.

결론

마 12:28절을 보면 “그러나 내가 하나님의 성령을 힘입어 귀신을 쫓아내는 것이면 하나님의 나라가 이미 너희에게 임하였느니라”

다시 말해 성령을 힘입어 예수의 이름으로 귀신을 쫓아내야 하는데 이렇게 성령을 힘입어 예수의 이름으로 귀신을 쫓아내면 우리 가정에 하나님의 나라가 임하고, 우리의 영혼에 하나님의 나라가 임하고, 우리의 물질에 하나님의 나라가 임하고, 우리의 건강에 하나님의 나라가 임하는 것입니다.

그러므로 축사는 선택 사항이 아닌 필수입니다.

우리가 기도응답을 받지 못하는 이유 중 하나가 바로 축사하지 않아서 응답을 받지 못하는 경우가 많습니다. 만약 기도 응답을 받고 싶으면 축사를 혐오하든 좋아하든 관계없이 축사를 생활화 해야 합니다. 그렇게 할 때 기도응답이 오는 것입니다.

우리 나라에서 하는 축사는 대부분 귀신이나 마귀를 쫓아내는 것입니다. 그것은 맞습니다. 그렇게 해야 합니다. 그러나 더 응답이 급속히 임하게 하려면 질병에 대한 축사는 이렇게 해야 합니다. 먼저는 벧전 2:24절인 "예수께서 채찍에 맞음으로 나는 나았다"하고 치료를 선포하고 그 다음 "그러므로 마귀야(귀신아)너는 내 몸에서 떠나가라!"하고 축사를 해야 합니다.

그리고 우리는 "마귀야 너는 내 몸에서 떠나가라"고만 하는데 이렇게 해도 응답은 받습니다.

그러나 더 빨리 응답을 받는 방법은 반드시 말씀을 먼저 붙잡고 해야 하는 것입니다. 그것이 건강이든, 사업이든, 또 다른 문제이든지 말입니다. 이렇게 축사에 맞는 말씀을 붙잡고 긍정적으로 선포한 후 축사를 해야 효과가 배가가 되는 것입니다. 또한 중요한 축사 하나를 더 말씀 드릴 것이 있는데 이 부분은 천사 부분에서 다루도록 하겠습니다. 모든 기도에서 축사는 영적 요소를 제거하는 아주 중요한 첫 번째 요소입니다. 그리고 이 축사도 기본이며 필수이지만 기도응답을 받는 핵심은 아닙니다. 그러나 모든 기도를 할 때 반드시 거쳐 넘어가야 하는 것입니다. 제가 이 부분에 대하여 간증 할 것이 많이 있지만 이 정도로 축사의 필요성만 강조하는 것으로 마치겠습니다.

제 12장

영적 요소를 제거하기 위해서는 천사의 도움을 받아야 한다

영적 요소를 제거하기 위해서 축사를 해야 한다고 전 장에서 말씀 드렸습니다. 그런데 이번 장에서는 영적 요소를 제거하기 위해서는 천사의 도움을 받아야 한다는 내용을 말씀 드리겠습니다. 이 천사부분도 축사 부분과 함께 민감한 부분이기에 조심스럽지만 기도응답 측면에서 다루지 않을 수가 없어 다룹니다. 다시 한 번 부탁 드리지만 기도응답 측면에서 보시길 바랍니다.

1. 천사의 특징

천사라는 말은 히브리어로 말라크이고 헬라어로는 앙겔로스라 하는데 그 뜻은 보냄을 받다, 파견되다, 사자, 천사라는 뜻을 가지고 있습니다.

첫째로 천사는 결혼하지 않고 자녀를 낳지 않습니다.

마 22:30절을 보면 "부활 때에는 장가도 아니 가고 시집도 아니 가고 우리는 천사가 결혼하지 않는다는 것을 이론 적으로 알고 있습니다. 그런데 실상(실제적으로)에서는 천사가 결혼하는 것으로 알고 있고 또한 그렇게 믿고 있습니다.

천사는 결혼하지 않기에 자녀도 낳을 수 없습니다. 우리가 이론적으로는 이렇게 믿고 있지만 그러나 실상에서는 천사는 결혼도 하고 자녀도 낳는 것으로 믿고 있습니다.

왜냐하면 창 6:2절을 보면 "하나님의 아들들이 사람의 딸들의 아름다움을 보고 자기들의 좋아하는 모든 자로 아내를 삼는지라"

여기서 하나님의 아들들이 사람의 딸들의 아름다움을 보고 아내를 삼았다고 하는 부분을 어떻게 해석하고 있습니까?

대부분 주석들과 목사님들은 이 창6:2절의 하나님의 아들들을 천사로 해석하고 있습니다. 그래서 천사와 사람의 딸들이 결혼해서 네피림을 낳았다고 생각을 합니다. 그러나 분명히 주님은 마22:30절에 천사는 결혼도 자녀도 낳을 수 없다고 하고 있습니다.

그러므로 우리가 알고 있는 천사가 결혼 할 수 없고 자녀를 낳을 수 없다고 아는 것은 이론적으로 알고 있는 것입니다. 그리고 실상에 가서는 이렇게 천사가 결혼하고 자녀도 낳을 수 있다고 믿고 있습니다.

그러나 분명한 것은 천사는 결혼하지 않고 자녀도 낳을 수 없기에 여기서 사람의 아들들은 천사가 아닌 다른 존재를 말하는 것입니다. 제 생각으로는 하나님의 아들들은 셋의 후손을 말하고 사람의 딸들은 가인의 후손이 아닐까 생각을 합니다.

둘째로 천사는 사람 속에 들어올 수 없다는 것입니다.

이 부분도 마귀론을 다루면서 다루었지만 다시 한 번 잠깐 언급하고 넘어가자면 우리는 이론적으로 천사가 사람 속에 들어올 수 없다고 믿고 있습니다. 그러나 실상에 가서는 그렇게 믿지 않고 천사가 사람 속에 들어 올 수 있다고 믿고 있습니다. 왜냐하면 우리가 귀신을 이야기 할 때 귀신은 타락한 천사라고 믿고 있습니다. 그렇다면 타락했든 안 했든 천사가 우리 몸에 들어 올 수 있다는 말이 되는 것입니다.

그러나 테리로 목사는 천사를 만난 사람들이라는 책에서 분명히 말씀하십니다. 천사는 우리 몸에 들어오지 못하나 귀신은 들어온디고 말입니다. 그러므로 확실한 것은 타락한 천사는 귀신이 아니라는 것입니다. 그래서 테리로 목사는 귀신을 다른 어떤 영적인 존재로 보고 있습니다. 이와 같이 우리는 이론과 실상은 항상 다르게 믿고 있습니다. 우리는 이론적으로는 천사가 몸에 들어오지 못한다고 믿지만 실상에 가서는 천사가 우리 몸 속에 들어 올 수 있다고 믿고 있습니다. 그러나 확실한 것은 천사는 사람의 몸 속에 들어오지 못한다는 것입니다.

셋째로 천사는 병에 걸리지 않고 천사는 우리의 생각을 지배합니다.

2. 돕는 천사의 도움을 받자

히 1:14절을 보면 "모든 천사들은 부리는 영으로서 구원 얻을 후사들을 위하여 섬기라고 보내심이 아니뇨"라고 되어 있는데 이 부분을 현대인의 성경으로 보면 히1:14절을 이렇게 해석하고 있습니다.

"천사들은 모두 섬기는 영들이며 앞으로 구원받을 사람들을 섬기라고 하나님이 보내신 일꾼에 불과합니다."라고 해석하고 있습니다.

그런데 여기서 일꾼이라는 말을 제 노트북 컴퓨터에 있는 성경사전에 연결을 하면 종으로 해석하고 곧 바로 관주로 연결이 되는데 그것은 수 1:1절입니다. "여호와의 종 모세가 죽은 후에 여호와께서 모세의 시종 눈의 아들 여호수아에게 일러 가라사대"할 때 여기서 모세의 시종으로 연결이 됩니다.

다시 말해 천사에 대하여 히 1:14절에서는 구원 얻을 후사들을 섬기라고 보낸 일꾼(종)으로 해석을 합니다. 그래서 이 부분을 좀 더 자세히 알아보기 위해 헬라어로 찾아보았습니다. 그랬더니 히 1:14절의 "부리는" 이라는 말은 레이툴기고스라는 말로 되어 있는데 이 말은 "일하는, 봉사의 일을 하는"이란 말로 되어 있습니다.

그리고 "섬기다"라는 말은 "디아 코니아"라는 말로 되어 있는데 이 말은 디아코노스에서 유래가 되었습니다. 그런데 이 디아 코노스라는 말은 "천한 일로 시중드는 종을" 의미하는 단어로 되어 있습니다. 여기서 천한 일이란 종이 식탁이나, 천한 일로 시중 들 때 쓰는 말로 되어 있습니다 .

그런데 "디아코니아"라는 말이 이 말에서 유래되었습니다. 그래서 그 뜻은 "종으로 시중드는, 봉사하는, 돕는, 구원하는" 이란 뜻을 가지고 있습니다.

다시 말해 히 1:14절의 "섬기라고"라는 말은 결국 모든 천사는 흰새 예수 믿어 후에 천국에 갈 구원받은 우리를 섬기라고 하나님이 보내셨다는 것입니다.

마치 우리를 섬길 때 종의 입장에서 섬기라고 보냈다는 것입니다. 사람들이 종을 두는 이유는 사용하기 위해서 일꾼으로 쓰기 위해서 종을 두는 것입니다. 마찬가지로 천사는 바로 우리에게 그런 존재라는 것입니다.

그러므로 우리는 천사의 도움을 받아야 합니다.

테리로 목사님의 책을 보면 우리가 천사에게 부탁하지 않으면 우리를 돕기 위해 온 천사는 할 일이 없어 졸기도 하고, 놀기도 하며 무료한 시간을 보낸다고 합니다.

그래서 기도응답의 측면에서 이 천사의 도움을 받자 라는 의미에서 이 부분을 다루게 되었습니다.

또한 시 8:5절을 보면 "저를 천사보다 조금 못하게 하시고 영화와 존귀로 관을 씌우셨나이다 "라고 되어 있습니다 .

그런데 이 부분을 히 2:7절에서는 "저를 잠깐 동안 천사보다 못하게 하시며 영광과 존귀로 관 씌우시며"라고 되어 있습니다. 이는 예수님을 말씀하고 있는 것입니다.

저는 시 8:5절을 대할 때마다 생각한 것은 "이 부분은 예수님을 예표 하기 때문에 감히 이 말을 내게 적용한다는 것은 마치 신성을 범하는 것이며 하나님의 성역을 침범하는 것이다" 그러므로 꿈도 꾸지 말아야 한다고 생각했었습니다.

그런데 찰스 크래프트의 신자가 소유한 권세라는 책을 보며 깜짝 놀랐습니다. 찰스 크래프트는 말하길 시 8:5절은 예수님을 말씀하기도 하지만 그러나 이 시는 다윗이 쓴 시라는 것입니다.

다시말해 시 8:5절의 "저를"할 때 이 저를 이라는 말은 이때 당시에는 예수님이 아니라 다윗이었다는 것입니다. 그리고 "천사보다 못하게 하시고"라고 할 때 천사는 히브리어 원어에서는 "말라크로 되어 있지 않고 엘로힘"으로 되어 있다는 것이었습니다. 그러므로 "천사보다라는 말은 잘못된 해석으로 이는 하나님"으로 해석해야 바른 해석이라는 것입니다.

그래서 원어를 찾아보니 진짜 엘로힘으로 되어 있고 또한 새 번역 성경과 공동번역 성경에서는 역시 하나님으로 해석하고 있었습니다. 그러므로 시 8:5절을 바로 잡으면 이렇습니다.

"저를(다윗 또는 우리) 하나님보다 조금 못하게 하시고 영화와 존귀로 관을 씌우셨나이다"라고 해석해야 되는 것입니다.

그러면서 찰스 크래프트는 마귀의 타락 원인에 대하여 말하길 "어느 날 하나님을 보좌하는 어느 천사에게서 루시엘이(마귀가 되기 전의 이름) 소식을 들었는데 그것은 루시엘(마귀)보다 하나님이 더 높은 위치에 있는 영적 존재를 창조하겠다는 소식이었습니다". 그런데 이 영적 존재가 바로 사람이었다는 것입니다.

이 소식을 들은 루시엘은 자기보다 높은 위치에 있고 하나님 보다 바로 밑에 있는 사람을 창조한다는 소식에 그만 악심을 품고 하나님을 반역했다는 것입니다. 이것이 사실이든 아니든 관계없습니다. 그러나 분명한 것은 이렇게 마귀보다 높은 위치에 있던 존재로, 하나님보다 조금 못한 존재로, 창조함을 받은 존재가 바로 우리 사람이라는 겁니다.

우리가 이런 엄청난 존재라는 것을 가르쳐 주는 것이 바로 시8:5절의 말씀입니다. 이렇게 하나님보다 조금 못한 존재인 우리가 천사에게 도움을 받는 것은 당연한 것입니다.

시 8:5절의 엘로힘을 히 2:7절에서 앙겔로스로 바꾼 데는 또한 그만한 이유가 있었던 것 같습니다. 이렇게 시 8:5절의 엘로힘을 앙겔로스 최초로 바꾼 사람들이 바로 70인들인데 이들이 구약의 히브리어 성경을 헬라어 성경으로 번역했습니다. 이렇게 번역한 성경을 우리는 70인역이라 합니다. 만약 그들이 실수로 엘로힘을 앙겔로스로 바꾸지 않았다면 그들은 벌써 예수님이 어떤 분인지 알고 있었던 것입니다. 그래서 엘로힘을 앙겔로스로 바꾼 것입니다.

또한 계 22:9절을 보면 "저가 내게 말하기를 나는 너와 네 형제 선지자들과 또 이 책의 말을 지키는 자들과 함께 된 종이니 그리하지 말고 오직 하나님께 경배하라 하더라"라고 되어 있습니다.

여기서 분명히 천사장은 자기의 신분을 밝히고 있습니다. 그것은 자신의 신분이 종이라는 것입니다. 그러므로 종인 천사에게 우리가 도움을 받는 것은 결코 잘못된 것이 아닌 것입니다.

고전 6:3절을 보면 "우리가 천사를 판단할(심판) 것을 너희가 알지 못하느냐"라고 되어 있습니다.

바울 사도는 분명히 우리가 천사를 판단할 수 있다고 말하고 있습니다. 이것이 천국에 가서 판단하는 것인지 아니면 이 땅에서 판단하는 것인지 모르지만 분명한 것은 우리가 천사보다 위에 있는 존재라는 것은 확실한 사실입니다.

또한 마 4:11절을 보면 "이에 마귀는 예수를 떠나고 천사들이 나아와서 수종 드니라"

이 말은 주님이 40일 금식기도를 마치신 후 마귀가 떠나자 천사들이 나와서 수종 들었다는 말입니다. 그런데 여기서 우리가 알아야 할 것이 있는데 봉사는 내가 좋아서 하는 것이지만 수종드는 것은 직업이기 때문에 하는 것입니다. 그런데 마 4:11절에서는 천사가 와서 봉사하더라 하지 않고 천사가 수종들더라 하고 있습니다. 왜냐하면 천사는 예수님이나, 하나님이나, 사람이나 할 것 없이 수종드는 존재이기 때문입니다.

결론

제가 왜 이렇게 마귀와 천사를 오랜 시간에 걸쳐 다루었느냐 면 세 가지 중요한 사실을 말씀드리려고 하기 때문입니다.

첫째로 천사는 우리가 명령하든지 아니면 도움을 구하지 않으면

도와주지 않는 존재라는 것입니다.

다시 말해 천사는 자발적으로 돕는 존재가 아니라 반드시 도움을 우리가 요청해야 돕는 존재라는 것입니다.

둘째로 영적 요소를 제거하기 위해서는 축사를 하든지 아니면 천사에게 명령을 하든지 둘 중에 한 가지는 반드시 해야 한다는 것입니다.

물론 두 가지를 다 하면 더 좋겠지만 말입니다. 이 부분은 예민한 부분이기에 기도 응답 측면에서만 받아 주시길 바랍니다.

단 10:1~14절을 통해 우리가 발견할 수 있는 것은 우리의 기도 응답을 가져오는 천사는 약하다는 것입니다. 그래서 바사국을(영계) 잡고 있는 마귀가 방해를 하면 우리가 아무리 기도해도 응답을 가지고 오지 못하는 것입니다.

다니엘은 그래도 선지자이고 은총을 입은 자이기에 21일 동안 금식해서 응답을 받았지만 만약 우리가 기도했다면 아마 10년이 걸려도 기도응답을 가져오는 천사가 기도응답을 가져오지 못할 수도 있기 때문입니다. 이때 바로 필요한 기도가 축사이며 천사를 향해 도움을 명령하는 기도입니다.

저는 이런 생각을 해 보았습니다.

"만약 다니엘이 우리가 가지고 있는 예수의 이름의 권세를 가지고 있었다면 21일 동안 금식하지 않아도 되었을 텐데"하고 말입니다.

요컨대 예수의 이름의 권세를 가지고 축사를 하든지 아니면 다른 천사를 향해 명령해서 기도 응답을 가져오는 천사를 돕게 하여 기도응답을 빨리 가져오게 하면 되기 때문입니다. 저는 이 생각을 하면 할수록 다니엘이 참으로 불쌍하다는 생각이 듭니다. 왜냐하면 이 예수의 이름이 없었기에 그는 억울하게 21일 동안 굶었지 않습니까? 그러나 우리는 이렇게 굶을 필요가 없이 우리에게 주신 권세 예수라는 이름을 가지고 사용하면 21일이 필요 없이 당장이라도 응답을 받을 수 있기 때문입니다. 저는 기도할 때마다 이렇게 축사를 한다든지 아니면 천사를 명령합니다. 그러면 놀라운 일들이 많이 일어납니다.

셋째로 축사와 천사의 도움을 받되 케네스 해긴식으로 선포하라는 것입니다.

주님이 어느 날 해긴 목사에게 열린 환상으로 나타나 말씀하시길 "너는 나에게 돈을 구하지 말라. 나는 이미 아담에게 다 주었다. 그러나 아담이 마귀에게 졌기 때문에 아담이 모든 것을 마귀에게 빼앗겼다. 이미 내가 다 주었기에 나는 너에게 줄 돈이 없다. 만약 내가 하늘에서 돈을 준다면 그것은 위조 지폐다" 하시며 말씀하시길 "너는 마귀에게 돈을 빼앗아 오라" 하시며 "마귀야! 너는 내 재정에서 손을 뗄찌어다. 너는 내 돈을 내 놓아라!" 하고 명령하라 하셨습니다. 그리고 또 이렇게 하라 하셨는데 "돕는 영들아 너희들은 내 돈이 오도록 조치를 취하라"라고 말입니다.

해긴 목사가 이렇게 하자 돈이 오기 시작했다는 것입니다. 그래서 저도 그대로 했습니다. 그랬더니 돈이 오고 문제가 해결되는 것이었습니다.

제가 오늘 축사와 천사를 다루는 이유 중 하나는 바로 이 케네스 해긴식의 축사와 천사를 명령하라는 것입니다. 우리가 보통 하는 축사는 마귀를 쫓는 것이지만 해긴 목사님식의 축사는 이렇게 조금 다릅니다. 그러나 이렇게 하는 축사가 효과 면에서는 우리가 보통 하는 식의 축사보다 훨씬 좋습니다.

우리 교회는 4년 동안 은사집회를 두 달에 한 번씩 했습니다. 그런데 영안이 열린 강사님들이 오면 꼭 하는 소리가 있습니다. 그것은 우리 교회에는 천사가 많다는 것입니다.

처음에 이런 말을 들을 때는 귀담아 듣지 않고 칭찬하는 소리로 들었습니다. 그런데 어느 날 이 말을 듣는 순간 생각해 보았습니다. "왜 오시는 분들마다 천사가 많다고 하는것일까? 도대체 무슨 이유 때문일까?" 하고 말입니다.

그랬더니 결론이 나왔습니다. 그것은 제가 한 일이란 날마다 축사와 천사를 명하는 일을 빼놓지 않고 했던 것밖에 없었습니다. 다시 말해 날마다 이렇게 축사와 천사를 명령하자 우리교회에 천사가 많게 되었다는 것입니다.

저와 아내가 천사의 도움을 받은 것을 간증하자면 아주 많습니다. 우리는 천사의 도움을 실제적으로 상당히 많이 받고 있습니다.

그러므로 여러분들도 천사의 도움을 많이 받기를 원하신다면 축사와 천사를 사용하시길 바랍니다. 그러면 그렇게 하는 순간 놀라운 체험들을 하시게 될 것입니다.

그러나 이 축사와 천사를 명령하는 기도도 거쳐 넘어가는 기도이지 기도의 핵심은 아닙니다.

제13장

동행의 원리

동행을 다른 말로 하면 함께 하심이라는 말입니다. 제가 이런 질문을 받은 적이 있습니다. 저도 그렇고 다른 분들도 그랬을 것입니다. 분명히 "하나님의 음성도 듣고, 예언도 듣고, 마음의 확신도 있는데도 불구하고 무슨 일을 했는데 왜 실패했느냐"는 것입니다.

물론 실패의 원인에는 여러 가지 원인이 있겠지만 그러나 그 중에 한 가지가 바로 동행에 대해서 잘못 알기 때문입니다. 이렇게 마음에 보증이 분명히 있음에도 불구하고 실패하는 이유는 동행의 원리를 잘 모르기 때문입니다. 물론 다른 이유도 있지만 여기서는 동행의 원리만 다루겠습니다.

1. 동행의 원리

하나님과 동행하는(함께 하심) 방법은 크게 세 가지 방법이 있습니다.

첫 번째 방법은 하나님 보다 내가 더 앞서 가는 것이고, 두 번째 방법은 하나님과 보조를 맞추는 것이고, 세 번째는 방법은 하나님 보다 뒤 쳐져 가는 것입니다.

여기서 제가 질문을 드리겠습니다. "어떻게 동행해야 실패하지 않을까요?" 세 가지 중의 하나만 선택하면 됩니다. 그런데 저는 첫 번째 방법인 하나님보다 앞서가는 것이 동행이다 생각하는 분은 없을 것이라 생각합니다. 그래서 첫 번째 방법은 지우겠습니다. 그러면 이제 남아 있는 문제는 하나님과 보조를 맞추는 것이 동행이냐? 아니면 하나님보다 뒤쳐지는 것이 동행이냐?는 문제만 남아 있습니다.

과연 어떤 것이 진짜 하나님과 동행하는 것일까요? 저는 두 번째 방법을 가리켜 한국식 동행이라 말하고 싶습니다. 그리고 세 번째 동행을 가리켜 성경식 동행이라 하겠습니다.

그런데 문제는 한국식 동행을 하면 반드시 실패가 따르게 되어 있다는 것입니다. 희안 하다 생각할지도 모릅니다. "아니 주님과 보조를 맞추는데 왜 실패하느냐?" 생각 할 것입니다. 그런데 이 한국식 동행에서는 반드시 실패하게 되어 있습니다.

제가 실패했던 이유를 후에 찾아보니 바로 이 한국식 동행을 했기에 실패했던 것입니다. 언제든지 이 한국식 동행은 실패하게 되어 있습니다.

그러나 세 번째 방법인 성경식 동행은 절대로 실패하지 않게 되어있습니다. 이 성경식 동행은 절대로 실패하지 않는 동행입니다. 그러나 한국식 동행은 반드시 실패하게 되어 있습니다.

이상하다 생각하실 겁니다. 어떻게 뒤쳐져 가면 실패하지 않고, 보조를 맞추어 가면 실패하느냐는 것입니다. 우리 생각으로는 쉽게 이해가 되지 않을 것입니다.

왜냐하면 지금까지 우리 나라 식 동행하면 주님과 보조를 맞추는 것으로 배웠기 때문입니다. 저도 그렇게 알고 있었습니다.

그러나 성경은 그렇게 말씀하시지 않습니다. 한국식 동행은 이론상으로는 100점입니다. 가능합니다. 그러나 실상(현실)에 들어가면 전혀 맞지 않습니다. 평안하고 문제가 없으면 이는 가능합니다. 그러나 막상 문제가 생기면 미리 피할 길을 찾고 만들기 시작합니다. 이것이 한국식 동행입니다.

다시 말해 막상 문제가 생기면 주님과 보조를 맞추는 것이 아니라 주님보다 한발 앞에 있게 된다는 것입니다. 우리가 주님보다 앞서 갔다는 증거가 바로 피할 길을 찾고 미리 만들어 놓은 것입니다. 그리고 주님이 쫓아오길 바라고 있다는 것입니다. 시간이 지난 후 실패의 원인을 찾으면 주님보다 내가 앞서 갔다는 결론에 이르게 됩니다.

대부분 성도들이 실패할 때는 이렇게 해서 실패합니다. 한국식 동행은 문제가 생길 때 우리가 주님보다 굉장히 서두른다는 것입니다. 그래서 한국식 동행은 말로는 정답입니다. 이론상으로는 얼마든지 가능합니다.

그러나 정작 중요한 순간에는 불가능하게 되는 것입니다. 그렇지 않은 분들도 있지만 그러나 저는 지금 보편적인 것을 다루고 있고, 말씀 드리고 있는 것입니다. 보편적으로 그렇다는 것입니다.

2. 성경식 동행에 대하여

그러나 성경식 동행은 절대로 실패하지 않는 동행입니다. 이론상으로는 성경식 동생은 동행이 아닙니다. 왜냐하면 주님보다 내가 한발 뒤 정도에서 쫓아가는 것이기 때문입니다. 이것은 어떻게 보면 동행이라고 할 수 없고 주님의 뒤만 보며 쫓아가는 것이다 라고 말할 수 있는 것입니다.

그런데 중요한 것은 성경식 동행은 이론상으로는 전혀 맞지 않습니다. 그러나 실상(현실)에 들어가면 너무 잘 맞아 돌아간다는 것입니다.

다시 말해 성경식 동행이라 하면 주님의 뒤통수만 보고 쫓아가는 것을 말합니다. 우리가 평상시 이렇게 뒤통수를 보고 가면 뭔가 답답한 것 같은 생각이 들어가고, 미련한 것 같은 생각이 들어가고, 멍청한 것 같은 생각이 들어갑니다. 때로는 "이렇게 해서 되겠나!" 하는 생각도 들어갑니다.

그러나 이렇게 뒤쫓아 가다보면 기분 좋을 때나, 나쁠 때나, 성령 충만 할 때나, 아닐 때나, 문제가 생겼을 때나, 생기지 않았을 때나 할 것 없이 신앙생활에 굴곡이 없어집니다. 왜냐하면 만약 문제가 생겨도 이 사람은 평상시에 주님의 뒤통수만 보고 가던 사람이었기 조금 흥분해서 한발을 앞서 간다고 해도 결국은 주님보다 앞서가는 것이 아니라 오히려 문제가 생기면 주님과 보조를 맞추는 동행을 하게 되어 있습니다.

그러므로 이 성경식 동행은 주님보다 앞서 갈래야 갈 수가 없는 동행이 되는 것입니다. 그러나 한국식 동행은 이론상으로는 맞지만 막상 문제가 생기면 주님보다 앞서 나가게 되어 있습니다. 성경식 동행은 평상시에는 주님보다 뒤쳐져 가기에 동행하는 것 갖지 않지만 막상 문제가 생기면 현실에서 그대로 동행하게 되어 있는 것입니다. 이렇게 주님과 동행을 하는데 실패 할 수 있겠습니까?

요 10:2-4절을 보면 성경식 동행의 원리가 나옵니다.

요 10:2 문으로 들어가는 이가 양의 목자라

요 10:4 자기 양을 다 내어 놓은 후에 앞서 가면 양들이 그의 음성을 아는 고로 따라오되

여기서 목자라는 말은 헬라어로 포이멘인데 이는 목사 또는 양을 치는 사람이란 뜻을 가지고 있습니다. 그런데 요10:2-4절 잘 보면 성경식 동행의 원리가 나옵니다. 그것은 목자가 가면 양은 목자의 뒤통수만 보고 따라오는 것입니다. 이것이 성경식 동행의 원리인 것입니다. 우리 생각으로는 이는 동행이 아닙니다.

왜냐하면 동행이라 하면 주님과 함께 보조를 맞추어야 하는데 보조를 맞추는 것이 아니라 목자의 뒤통수만 보고 쫓아간다고 하니까 말입니다. 뒤통수만 보고 뒤쫓아가는 것이 바로 성경식 동행의 원리인 것입니다.

제가 스승처럼 생각하는 미국의 어느 목사님은 17살 때부터 부흥회와 목사로 87세까지 일하셨는데 그분이 딱 한 번 실패한 적이 있습니다. 그분이 전문 부흥강사로 일하시기 전에 있는 목회지에서 열심히 목회를 했습니다. 그러나 주님이 그에게 응답을 주신 것은 이제 목회는 그만 두고 전문 부흥강사로 일하라는 말씀이었습니다. 그분은 이렇게 응답을 받았고 본인에게도 확신이 왔습니다. 그래서 당장 사임을 했습니다. 그러나 전문 부흥강사로 사역하는 몇 년 동안 일이 제대로 되지 않았습니다.

그래서 주님께 기도했습니다. 그랬더니 주님이 열린 환상 가운

데 나타나셔서 말씀하시길 "네가 나의 인도를 받으려고 노력할 때 나는 네가 너무 빠르기보다는 차라리 늦기를 바란다 적어도 네가 내 뒤에 있으면 너는 그래도 네 앞에 가는 나를 볼 수는 있단다. 그러나 네가 너무 빨리 가서 내 앞에 뛰어 나가면 너는 더 이상 나를 볼 수 없고 길을 벗어나게 된단다"라고 말씀 하셨습니다.

이렇게 그가 실패한 이유도 비록 주님으로부터 응답을 받았지만 주님보다 너무 앞서 나가는 바람에 문제가 있었다는 것입니다.

다시 말해 응답이 온 것과 하나님의 시간인 때는 다르다는 것입니다. 마치 이는 여자 아이가 후에 아기를 낳는 것은 당연합니다. 그러나 지금은 아니라는 것입니다. 아무리 지금 서두른다고 해도 그 아이는 아기를 낳을 수 없는 것과 같은 이치입니다.

이런 경우 그냥 시간이 흐르도록 기다리면 되는 것입니다. 마치 성경식 동행이 이런 것입니다. 주님의 뒤에서 뒤통수를 보며 기다리는 것입니다. 그러면 실패하지 않는 것입니다. 그러므로 우리는 때로는 응답이 왔다고 해서 쉽게 뛰어들지 말고 인내를 가지며 하나님의 때를 기다려야 하는 것입니다.

제가 어느 날 텔레비전을 보다 대통령이 사열 받는 장면을 보게 되었습니다. 그런데 인도하시는 분이 대통령보다 앞서 가지 않고 한발 뒤에 가는 것이었습니다. 또한 대통령과 보좌관이 걷는 것을 뉴스를 통해 보았는데 대통령이 앞서 가면 보좌관들이 한발 뒤에

걷는 것이었습니다. 바로 이것이 우리가 주님과 동행하는 원리인 것입니다. 그러므로 이제부터는 한국식 동행을 버리고 성경식 동행을 하시길 바랍니다. 그러면 지금보다 실패할 확률이 줄어 들것입니다.

3. 뒤쫓아가는 동행의 예

외국 격언 중에 이런 말이 있습니다. "하나님은 성도를 몰아 붙일 때는 한쪽 문을 열어 놓고 몰아 붙이지 쥐잡듯이 문을 꽉 닫아 놓고 몰아 붙이지 않는다"는 말입니다.

여기서 저는 이 한쪽 문이 어쩔 수 없는 환경과 상황을 말한다고 봅니다. 어쩔 수 없는 상황이나 환경은 반드시 그런 것은 아니지만 대부분 대세 즉 하나님의 뜻입니다. 그러므로 환경과 상황을 잘 보시면 한쪽 문이 보일 것입니다.

우리 교회를 2005년6월23일 이전했는데 우리가 전에 있던 곳은 지하였고 물이 나는 곳이었습니다. 어떤 사람들은 우리교회를 카타쿰이라고 표현하기도 했습니다. 그러나 그곳에서 만5년2개월을 지냈습니다. 저는 성경식 동행의 원리를 알았기에 하나님이 옮기라 하기 전까지는 옮기려 하지 않았습니다.

그런데 2005년 6월1일 새벽에 꿈을 꾸었습니다. 주님이 꿈에서 말씀하시길 이제 이곳에서 목회를 그만 하고 옮기라는 내용이었습니다. 저는 이 꿈이 이루어지지 않게 해 달라고 3일간 기도했습니다. 그런데 이 꿈을 꾸고 나서 이상한 일이 생기기 시작했습니다. 조금씩 물이 나던 지하가 갑자기 상마철도 아닌데 벽에서 물이 말도 못하게 나왔습니다. 주인은 방수를 새로 했습니다. 그러나 물이 나오는 것은 줄지 않았습니다. 꿈을 꾸었던 6월1일 새벽에는 조금밖에 나오지 않았습니다. 그러나 그 다음 날부터는 교회에 들어가고 싶은 마음도 사라질 만큼 물이 나왔습니다. 그래서 새로운 건물을 알아보기 시작했습니다.

그 결과 유동인구가 많은 장소를 얻을 수 있었고 더군다나 당시에 10만원도 없는 상태였는데 이전할 때 9백만원 이상이 돈이 왔고 이전을 돕는 분들도 많았습니다. 그래서 어려움 없이 이전할 수 있었습니다.

이렇게 성경식으로 동행을 하면 환경이나 상황이 이끌어 가는 것입니다. 그러면 그때 움직이면 아주 일이 쉽게 되는 것입니다.

제가 프레스토 검프라는 영화를 텔레비젼에서 보았습니다. 그런데 프레스트 검프는 조금 부족한 사람이었습니다. 그가 잘하는 것은 한 번 하면 끝까지 하는 것이었고 또한 달리기를 잘했습니다. 한 번 달리기 시작하면 몇 년이고 뛰었습니다.

그런데 놀라운 일이 생겼습니다. 그가 미국의 대통령으로부터 두 번이나 훈장을 받았습니다. 그가 훈장을 받은 이유는 이 두 가지 이유 때문이었습니다. 그는 환경이나 상황이 몰아 붙일 때까지 무엇이든지 한 번 시작하면 인내를 가지고 했습니다. 탁구면 탁구, 럭비면 럭비, 달리기면 달리기, 고기를 잡으면 고기잡이로, 월남전에서도 역시 똑 같았습니다.

그런데 그는 무엇이든지 하면 성공하는 것이었습니다. 저는 성경식 동행이 바로 프레스토검프 처럼 하는 것이 성경식 동행이라 생각합니다.

제가 어느 프로그램을 보았는데 그 내용은 자폐아동에 대한 프로였는데 자폐아들의 특징은 한 번 어머니가 기다리라고 하면 비가와도 아무리 날씨가 뜨거워도 어머니가 나타날 때까지 움직이지 않고 엄마를 기다린다는 것입니다. 저는 우리 기독교인들이 이렇게 자폐 아동 같이 기다릴 줄 알아야 된다고 생각합니다. 이것이 성경식 동행입니다.

4. 환경이 몰아 부쳐도 또 지혜가 필요합니다.

이렇게 환경이 몰아 붙인다고 해서 무조건 달려들어야 하느냐는 것입니다. 반드시 그렇지는 않습니다. 왜냐하면 아무리 환경이 몰아 붙여도 분별할 수 있는 지혜가 없으면 역시 성경식 동행을 할 수 없기 때문입니다. 지혜의 문제는 제 3권인 "한국의 탈무드" 에서 구체적으로 다루도록 하겠습니다.

5. 구원하심을 보자

저는 출 14:13절 말씀을 좋아합니다 "모세가 백성에게 이르되 너희는 두려워 말고 가만히 서서 여호와께서 오늘날 너희를 위하여 행하시는 구원을 보라 너희가 오늘 본 애굽 사람을 또 다시는 영원히 보지 못하리라"

왜냐하면 성경식 동행은 이렇게 주님의 구원하심을 뒤에서 구경하는 것이기 때문입니다. 우리가 할 일이 있습니다. 그것은 우리가 해야 할 일은 열심히 하면서 주님의 말씀을 붙잡고 그 말씀이 어떻게 이루어지는지 구경하는 것입니다.

제가 기도응답을 많이 받는 이유는 말씀을 굳게 잡고, 서두르지 않고 매일 기도 한 것과, 굳게 잡은 말씀이 어떻게 응답이 오는지 출 14:13절 말씀을 가지고 주님의 구원하심을 구경하기 때문입니다.

저는 구경할 때마다 마치 싸움 구경을 하듯이, 개싸움이나, 소싸움이나, 닭 싸움을 구경하듯이, 재미있는 표정을 지으며 주님의 구원하심을 구경합니다.

그러면 진짜 주님이 저에게 좋은 기도응답으로 구경시켜 주십니다. 주님과 동행하는 사람은 서두르거나 설치는 사람이 아닌 요행을 바라지 않고 자기 일에 최선을 다하며 조용히 주님의 구원하심을 구경하는 자입니다.

신 29:5절을 보면 우리가 이해하기 힘든 말씀이 나옵니다 "주께서 사십 년 동안 너희를 인도하여 광야를 통행케 하셨거니와 너희 몸의 옷이 낡지 아니하였고 너희 발의 신이 해어지지 아니하였으며"

이 말씀은 40년 광야 생활동안 신과 옷이 낡지 않았고 해어지지 않았다는 말씀입니다. 이 말은 그냥 넘길 수 없는 말씀입니다. 왜냐하면 제가 어렸을 때 보면 제 바지의 무릎은 언제나 성할 날이 없이 해어져서 어머니께서 바늘로 꿰매곤 했습니다. 그리고 신발 역시 몇 개월 신지 못하고 해어졌습니다. 그런데 지금 성경은 40년 동안 신 한 켤레와 옷 한 벌을 가지고도 입고 신었지만 해어지지 않았다는 것입니다. 이것이 어떻게 가능했을까요? 이것이 가능했던 이유가 신 1:30절에 나옵니다.

"신 1:30 너희 앞서 행하시는 너희 하나님 여호와께서 애굽에서 너희를 위하여 너희 목전에서 모든 일을 행하신 것같이 이제도 너희를 위하여 싸우실 것이며 광야에서도 너희가 당하였거니와 사람이 자기 아들을 안음같이 너희 하나님 여호와께서 너희의 행로 중에 너희를 안으사 이곳까지 이르게 하셨느니라" 하셨습니다.

우리의 생각으로는 그들이 홍해도 걸어갔고, 전쟁도 그들이 치루었고, 광야 40년도 걸어서 방황한 줄 알고 있습니다. 그런데 오늘 신 1:30절은 그렇게 말하지 않고 그들이 하나님 아버지의 품에 안기어서 40년 동안 있었다는 것입니다. 다시 말해 이 말은 그들은 전쟁도 하지 않았고 그들은 광야 40년 동안 걸어 본적이 없었고 홍해도 걸어서 건넌 것이 아니라는 것입니다. 우리 생각으로는 걸어서 간줄 알았는데 신 1:30절에서는 걸은 것이 아니라 40년 동안 안기어 있었다는 것입니다. 그래서 그들의 신과 옷이 헤어지지 않았다는 것입니다. 한 번 생각해 보세요. 40년 동안 버스에 앉아 있다고 생각해 보시기 바랍니다. 그러면 그 신과 옷이 낡아질 이유가 있습니까?. 아니 천년이 가도 신과 옷은 헤어지지 않고 새것 상태일 것입니다.

바로 이스라엘 사람들이 출애굽 했을 때 걸은 것이 아니라 이렇게 주님의 품에 안기어서 있었다는 것입니다. 그들의 생각으로는 걷는 것이었지만 하나님이 보시기에는 그들은 안기어 40년을 있었다는 것입니다. 그렇다면 이렇게 안겨 있는 사람은 무슨 일을 했을까요? 그것은 아마 우리가 버스를 타고 가면서 할 일이 없어 차창 밖으로 좋은 경치를 구경하듯이 그들은 출 14:13절과 같이 주님 품에 안기어 주님이 구원하시는 것을 재미있게 구경했을 것입니다.

다시 말해 주님과 동행하는 사람은 주님 품에 안겨 있는 사람이고 그가 할 일은 주님이 구원하시는 것을 구경하는 것입니다. 주님의 뒤통수를 보고 간다는 것은 주님의 품에 안기어 가는 것이며, 주님이 구원하시는 것을 구경하는 것을 말합니다. 이것이 진정한 성경식 동행입니다. 이렇게 동행하는 자만 실패하지 않고 성공하고 기도응답을 많이 받는 것입니다.

결론

막 11:24절을 보면 "그러므로 내가 너희에게 말하노니 무엇이든지 기도하고 구하는 것은 받은 줄로 믿으라 그리하면 너희에게 그대로 되리라" 했는데 여기서 우리가 할 일은 받은 줄로 믿는 것입니다. 받은 줄로 믿는 다는 것은 다른 말로 주님이 그대로 되게 하는 것을 구경하는 자를 말합니다. 우리가 이렇게 주님이 그대로 되게 하는 것을 구경하지 않기에 기도 응답을 받지 못하는 것입니다.

이제부터 성경식 동행을 하며 주님의 구원하심을 바라보는 우리 모두가 되시길 바랍니다.

그러므로 내가 너희에게 말하노니
무엇이든지 기도하고 구하는 것은 받은 줄로 믿으라
그리하면 너희에게 그대로 되리라"
(막 11:24절)

제 14 장

레마에 대하여

1. 성경은 사랑의 편지와 큐티의 대상이 아니다.

지금부터 시작되는 레마 부분부터는 기도응답의 핵심에 해당합니다. 지금까지 여러 가지 기도에 대하여 말씀 드렸지만 핵심이 아니라 기본이며 필수라고만 말씀 드렸습니다. 그러나 지금부터 드리게 되는 부분은 핵심에 해당합니다. 그러므로 제가 드리는 말씀을 놓치지 마시고 보시기 바랍니다. 그러면 기도응답을 받지 못하는 것이 기적이고 반드시 기도응답을 받게 되어 있습니다.

오늘의 주제인 레마 부분을 제가 어떻게 잘 설명하느냐에 따라서 성경 말씀이 과연 하나님 말씀이구나 정도가 아니라, 이것이 진짜 하나님이구나, 성경이 하나님이구나 하는 것을 알게 될 것입니다. 왜 성경을 하나님의 말씀정도가 아니라 하나님이라 보는 것이 중요하느냐면 기도응답의 관건과 시작이 말씀을 굳게 붙잡고 하는 것이기 때문입니다.

우리는 성경을 사랑의 편지다 라고 표현을 합니다. 저도 이십여 년 동안 그렇게 알고 있었습니다. 그런데 성경이 사랑의 편지입니까? 제가 기도응답을 많이 받지 못했던 원인이 바로 여기에 있었습니다. 성경을 사랑의 편지 정도로 생각하기에 성경을 이론상으로는 하나님의 말씀이다라고 말하면서도 그 말씀에 절대적인 권위를 주지 못하고 성경을 하나님으로는 보지 못했던 것입니다. 왜냐하면 사랑의 편지는 내용만 알면 되고 그 사람의 의도만 알면 되기 때문입니다. 편지를 보고, 위로는 받을 수 있고, 소식을 알 수는 있을지 몰라도 편지는 편지입니다. 그 편지 자체가 병을 치료한다거나, 능력을 행한다거나, 문제를 해결하지는 못합니다. 왜냐하면 편지는 말 그대로 이런 능력이 없기 때문입니다. 성경을 사랑의 편지라는 표현은 왜 그렇게 표현했는지 의도는 알지만 그러나 이는 성경을 하나님의 말씀으로 보지 못하게 하는 원인이 되고 성경을 하나님으로 보지는 못하게 하는 원인이 됩니다.

제가 2004년7월 성경이 "하나님이다"라는 것을 깨닫기 전에는 저도 성경을 사랑의 편지 정도로만 알았습니다. 그때 저는 성경을 하나님의 말씀이라고 말했지만 지나고 나서 보니까 그것은 이론상으로 말했던 것이지 실상 적으로 그렇게 보지 못했습니다.

그러나 2004년7월부터는 성경을 하나님의 말씀 정도가 아닌 하나님이라는 것을 깨닫고 하나님으로 보기 시작했습니다. 그리고 그 말씀을 의지했습니다. 그랬더니 엄청난 응답이 오기 시작했습니다.

저는 또한 큐티라는 말을 그리 좋아하지 않습니다. (큐티하시는

분들은 이 부분을 보실 때 양해를 해주시고 보셨으면 좋겠습니다)
제가 성경이 하나님이라는 것을 깨닫기 전에는 큐티를 높이 평가했
습니다. 그러나 성경이 하나님이라는 것을 알고는 큐티라는 말을
좋아하지 않습니다. 왜냐하면 큐티는 말씀을 가지고 나에게 적용
을 시키는 것이기 때문입니다. 이는 다른 말로 하면 자기를 합리화
시키는 것입니다. 다시 말해 성경을 코에 걸면 코 거리가 되게 하
고, 귀에 걸면 귀 거리가 되게 하는 것이 바로 큐티입니다. 큐티는
자기를 말씀을 가지고 변증하고 변명하게 만드는 것이기 때문입니
다. 이 책을 보시는 분 중에는 당신은 큐티에 대하여 잘못 알고 있
군요 하고 말씀하시는 분이 있을지 모르지만 저는 지금 제가 해보
고, 알고 있는 수준에서 큐티에 대하여 말씀을 하는 것이오니 오해
없으시기 바랍니다. 제가 큐티를 싫어하게 된 이유는 큐티는 적용
하는 것이기 때문입니다. 제가 말씀을 하나님으로 보기 전에는 성
경을 저도 적용하는 것인 줄 알고 적용했습니다. 그러나 제가 성경
을 하나님으로 보고 나서는 적용하지 않습니다.

제가 큐티에 대하여 부정적인 이유는 바로 이 적용이라는 단어
때문입니다. 왜냐하면 성경은 적용하라고 주신 말씀이 아니라 무
조건 믿으라고 주신 말씀이기 때문입니다. 큐티는 말씀을 적용하
게 하는 것이지 말씀을 문자적으로 그대로 믿게 만들지 않습니다.
이것이 바로 제가 아는 큐티의 한계인 것입니다.

하나님은 믿으라고 주셨는데 우리는 적용하고 있으니 뭔가 하나님과 코드가 맞지 않는 것입니다. 이렇게 코드가 맞지 않으니 결국 "성경이 하나님이다, 성경이 하나님의 말씀이다" 라고 하는 말들은 이론적인 말에 지나지 않는다는 것입니다. 성경을 적용하면 큐티입니다. 그러나 성경 구절들을 믿으면 이는 하나님이고, 하나님의 말씀이고, 표적이 따르고, 능력이 나타납니다. 이렇게 적용하는 것과 믿는 것은 엄청난 차이가 납니다.

저는 예전이나 지금이나 똑 같이 성경을 해석합니다. 그러나 예전에는 성경을 해석하는 목적이 설교를 위해 해석했고 뭔가 깨닫기 위해 해석했습니다. 그러나 제가 말씀을 하나님으로 보기 시작하면 서는 해석하는 이유가 달라졌습니다. 그것은 성경을 문자적으로 믿기 위해 해석했습니다. 깨닫는 것도 문자적으로 믿기 위해 깨달았습니다. 이것이 예전과 지금의 현격한 차이점입니다.

지금 저는 성경을 문자적으로 믿습니다. 더 정확하게 말씀 드리면 호몰로게오로 믿습니다. 제가 이렇게 호몰로게오로 믿기 전에는 성경 말씀은 능력이 없었습니다. 그러나 성경을 이렇게 문자적으로 믿으면서는 성경에 있는 말씀들이 실상으로 그대로 재현이 되었습니다. 제가 이렇게 서론을 길게 말씀 드리는 이유는 성경을 문자적으로(호몰로게오) 여러분들도 믿었으면 해서입니다. 아니 이렇게 믿지 않는 이상 기도응답을 많이 받는다는 것은 어려운 이야

기이기 때문입니다. 그러므로 여러분들이 기도응답을 받기 원한다면 성경을 문자적으로(호몰로게오) 믿어야 됩니다.

죠지 뮬러의 책을 보면 죠지 뮬러는 막 11:24절 말씀인 기도하고 구한 것은 받은 줄로 믿으라는 말을 문자적으로 믿었다고 합니다. 그래서 많은 응답을 받았습니다. 그러므로 여러분들도 기도응답을 많이 받고 싶으시면 이렇게 문자적으로 성경을 보아야 합니다.

2. 이렇게 성경을 문자적으로(호몰로게오) 믿기 위해서는 레마라는 말을 바로 알아야 합니다.

레마라는 말은 우리가 많이 사용하는 단어입니다. 그래서 레마 성경도 있습니다. 만약 우리가 이 레마라는 말을 잘 이해했다면 성경을 문자적으로 믿었을 것입니다. 그러나 우리가 성경을 문자적으로 믿지 못하는 이유는 바로 레마라는 말을 잘 이해하지 못하기 때문입니다. 이 말을 바로 안다면 여러분들은 아마 성경을 문자적으로 믿었을 것이며, 많은 기도응답을 체험했을 것입니다.

제가 레마가 뭐냐고 질문을 하면 대부분은 "하나님이 나에게 주신 말씀", "살아있는 말씀", "살아 역사 하는 말씀" 이렇게 대답을 합니다. 이것은 맞는 대답이지만 레마라는 본래의 뜻은 모르고 응용해서 하는 대답입니다. 이 말은 레마라는 말을 단독적으로 뽑아서 그 본래의 뜻으로 볼 때는 틀린 말입니다.

그러나 본래의 뜻을 알고 나서 대답한다면 맞는 말입니다. 저는 지금 레마라는 말을 응용해서 대답하는 말씀을 드리려고 하지 않고 그냥 레마라는 단어 자체만 가지고 그 뜻을 말씀 드리려고 합니다. 왜냐하면 운동도 그렇고, 음악도 그렇고, 모든 것에서 가장 중요한 것은 기본입니다. 이 기본이 잘되어 있어야 응용이 잘되는 것입니다.

그래서 저는 지금 이 레마라는 말도 역시 응용부분을 말씀 드리려고 하는 것이 아니라 기본부분을 말씀 드리려고 합니다. 왜냐하면 이 레마라는 말의 기본만 바로 알면 성경을 하나님으로 보고 믿게 될 수 있기 때문입니다.

3. 레마라는 말의 정의

우리는 레마라 하면 살아있는 말씀, 하나님의 말씀으로 생각하는데 그러나 레마라는 말 자체의 기본 뜻에는 그런 뜻이 없고 단지 흐레마라 해서 "말" 이라는 의미밖에 없습니다. 말이라는 말은 소리라는 말로 구약식으로 표현하면 "입의 말" 이라는 뜻밖에 없습니다.

첫째로 레마라는 말은 "입에서 나온 말 또는 소리"라는 말입니다.

욥 23:12 내가 그의 입술의 명령을 어기지 아니하고 일정한 음식보다 그 입의 말씀을 귀히 여겼구나

시 78:1 내 백성이여, 내 교훈을 들으며 내 입의 말에 귀를 기울일지어다

사 1:20 너희가 거절하여 배반하면 칼에 삼키우리라 여호와의 입의 말씀이니라

렘 9:12 지혜가 있어서 이 일을 깨달을 만한 자가 누구며 여호와의 입의 말씀을 받아서 광포할 자가 누구인고

겔 3:17 인자야 내가 너를 이스라엘 족속의 파수꾼으로 세웠으니 너는 내 입의 말을 듣고 나를 대신하여 그들을 깨우치라

여기서 보면 그 "여호와의 입의 말 또는 내 입의 말 또는 명령"이라 되어 있는데 이 말이 바로 레마라는 의미의 뜻입니다. 다시 말해 레마라는 말의 뜻은 입의 말이라는 뜻 외에는 다른 뜻이 없습니다. 이 레마라는 말에는 살아있는 말씀, 역사 하는 말씀이라는 말이 들어 있지 않고 단지 "하나님의 입의 말" 이렇게만 되어 있습니다. 이것이 레마라는 말의 기본 뜻입니다.

둘째로 입에서 나온 말은 모두다 레마입니다.

앞에서 레마라는 말은 "입의 말"이라는 뜻밖에 없다고 말씀 드렸습니다. 그렇다면 또 한 가지 질문을 드리겠습니다. "제가하는 말은 레마 일까요, 아닐까요?", "그러면 천사의 말은 레마가 될까요? 아닐까요?" 레마입니다.

왜냐하면 누구의 입에서 나왔느냐가 문제이지 레마라는 말은 "입의 말"이기 때문에 입에서 나온 말은 그것이 사람의 말이든 천사가 한말이든 관계없이 다 레마라는 것입니다. 그러므로 귀신이 한말도 레마이고, 마귀가 한말도 레마이고, 하나님이 하신 말씀도 레마인 것입니다. 그것은 입에서 나왔기 때문입니다. 성경을 보면 입에서 나온 말이라면 그것이 천사든, 마귀든, 사람이든, 하나님의 말씀이든 관계없이 다 레마로 나오고 있습니다.

마 5:11절을 보면 "나를 인하여 너희를 욕하고 핍박하고 거짓으로 너희를 거스려 모든 악한 말을 할 때에는 너희에게 복이 있나니"라고 되어 있는데

여기서 "악한 말을"이란 말도 레마로 되어있습니다. 악한 말도 레마라는 것입니다. 왜냐하면 악한 말이든 아니든 입에서 나왔으면 레마이기 때문에 그렇습니다.

마 12:36절을 보면 "내가 너희에게 이르노니 사람이 무슨 무익한 말을 하든지 심판 날에 이에 대하여 심문을 받으리니"라고 되어

있는데 여기서 "무익한 말을"하는 부분도 레마로 되어 있습니다. 사람이 무익한 말을 하든지 라고 되어 있음으로 사람이 한말도 레마라는 것입니다.

눅 2:17 보고 천사가 사기늘에게 이 아기에 대하여 말한 것을 고하니
눅 2:18 듣는 자가 다 목자의 말하는 일을 기이히 여기되
눅 2:19 마리아는 이 모든 말을 마음에 지키어 생각하니라

눅 2:17-19절에서 이모든 말할 때에서라는 말에서 "말" 이라는 말도 레마로 되어 있고 눅 2:17-18절을 천사가 한말과 목자들이 한말도 레마로 되어있습니다.

요 10:21 혹은 말하되 이 말은 귀신들린 자의 말이 아니라 귀신이 소경의 눈을 뜨게 할 수 있느냐 하더라

요 10:21절을 보면 "이말은 귀신들린 자의 말이 아니다" 할 때 여기서 귀신들린 자의 말 역시 레마로 되어 있습니다. 그러나 이 말은 귀신들리지는 않았지만 일반적으로 쓰일 때 귀신들려 귀신이 하는 말도 바로 레마라는 것입니다.

행2:14 베드로가 열한 사도와 같이 서서 소리를 높여 가로되 유대인들과 예루살렘에 사는 모든 사람들아 이 일을 너희로 알게 할 것이니 내 말에 귀를 기울이라

여기서 "내 말에 귀를 귀울이라" 할 때 내 말이란 베드로의 말을 말하는데 이도 역시 레마로 쓰였습니다.

행 6:11 사람들을 가르쳐 말시키되 이 사람이 모세와 및 하나님을 모독하는 말 하는 것을 우리가 들었노라 하게 하고

여기서 " 하나님을 모독하는 말"을 할 때 하나님을 모독하는 말 조차 레마로 쓰였습니다. 이로 볼 때 레마라는 말의 뜻은 우리가 아는 데로 역사하고 살아있는 말씀이 아니라 단지 입의 말이라는 뜻 외에는 다른 뜻이 없음을 알 수 있습니다.

셋째로 성경은 레마로 주님이 내 귀에 대고 말씀하신 것입니다.

성경은 로고스가(하나님) 레마(소리)로 말씀하신 것을 문자로 (글자) 기록한 것입니다. 다시 말해 소리를 문자화시킨 것입니다. 이렇게 로고스가 레마로 말씀하신 것을 문자로 기록했을 때 이를

기록된 로고스라고 말합니다.

그런데 이 기록된 로고스를 우리가 믿으면 믿는 순간 이는 시공간을 뛰어넘어 주님이 제자들에게 귀에다 대고 말한 것과 같은 레마의 역사가 나타납니다.

그러나 이 기록된 로고스를 적용하면(큐티) 이는 그라페의 역사가 나타납니다. 즉 문서를 읽는 것과 같은 현상만 나타나는 것입니다. 즉 4000년 전의 말씀을 현재 읽는 것과 같은 현상만 나타나지 레마의 역사는 나타나지 않습니다. 그러므로 그라페와 레마의 차이는 엄청난 것입니다.

넷째로 성경 말씀을 믿는 순간(읽거나 적용 할 때가 아닌) 예수님이 제자들의 귀에 말씀하신 것 같이 지금 내 귀에 대고 말씀하신다는 것입니다.

다섯째로 성경 말씀은 믿는 순간 현재가 됩니다.

히 13:8절 예수는 어제나 오늘이나 영원토록 동일하다고 했는데 이 말을 최초로 현재형으로 해석한 분이 있는데 그분이 바로 어거스틴입니다. 어거스틴은 시간론 에서 말하길 하나님의 시간은 현재밖에 없다는 것입니다. 즉 과거도 기억 속의 현재이고 미래는 다가오지 않은 현재라는 것입니다. 이렇게 볼 때 "동일하다" 라는 말은 결국 현재라는 말입니다. 즉 과거 2000년 전의 예수님이 제자들에게 말씀하신 말씀(소리 또는 레마)이나 지금 2000년 후 우리에게 기록된 성경 말씀으로 말씀하시는 것이나 동일하다는 것입니다. 그런데 이렇게 동일하기 위해서는 믿을 때만 동일한 것입니다.

4. 로고스와 레마와 기록된 로고스에 대하여

성경은 로고스가 레마로 말씀한 것을 기록한 책입니다. 로고스라는 분이 입의 말로 한 것 그것을 기록한 것이 기록된 로고스라고 합니다. 이 기록된 로고스를 다른 말로 그라페라고도 합니다. 그라페라는 말은 문서라는 뜻입니다. 그러면 왜 성경을 문서라고 표현을 했겠느냐는 것입니다. 로고스라는 것은 하나님을 말합니다. 우리는 로고스 하면 예수님을 말한다고 알고 있지만 하나님과 예수님을 동시에 말한다고 보아도 됩니다. 로고스는 하나님이십니다. 성경을 그라페라 하는 이유는 하나님이 입의 말로 한 것을 기록했기 때문에 기록된 로고스 또는 그라페라 하는 것입니다. 자, 이 기록된 로고스는 로고스가 입의 말로 말했기 때문에 레마 상태에서는 살아있는 말씀인 것입니다.

로고스의 입을 통하여 말한 상태, 즉 레마로 있는 상태는 살아있는 말씀입니다. 그러나 그것을 기록하는 순간 이것은 기록된 로고스가 되고 그라페가 되는 것입니다(여러분이 꼭 알아야 할 것은 로고스라는 말과 하나님이라는 말은 같은 말이라는 것과 레마라는 말과 소리 또는 말 또는 음성이라는 말은 같은 말이라는 것을 알고 이 책을 보시길 바랍니다). 다시 말해 하나님이 말씀하시는 순간은 이것이 음성 상태입니다. 그러나 그것을 받아서 기록하면 이는 기록된 로고스가 되고 그라페가 되는 것입니다. 여기서 그라페라는 말은 문서라는 말입니다. 문서라는 말은 성경만 말하는 것이 아니라 일반 책도 문서이고 소설책도 문서입니다. 이것이 그라페라는 말입니다. 로고스가 레마로 한 말을 문자화시킨 것이 바로 성경이며 기록된 로고스입니다. 말(소리.음성)을 문자화시킨 것을 기록된 로고스라고 하는 것입니다. 소리를 문자화시킨 것 그것이 그라페이고 기록된 로고스인 것입니다. 그런데 여기서 중요한 것이 있습니다.

잘 생각하시며 보시길 바랍니다. 그것은 그라페 상태, 즉 기록된 로고스상태의 말은 하나님의 말씀이지만 이는 죽어있는 말씀이라는 것입니다. 쉽게 말해 성경은 하나님의 말씀이지만 현재로서는 죽어 있는 하나님의 말씀이라는 것입니다. 죽은 자는 능력도 없고 아무 것도 할 수 없는 것 같이 성경도 하나님의 말씀이지만 죽어 있는 상태이기에 이 상태로는 어떤 능력도 표적도 행할 수 없는 무능

한 말씀인 것입니다. 그저 일반 책과 다름이 없는 글씨가 있는 종이에 지나지 않는 것입니다. 한 마디로 기록된 로고스인 성경은 사장되어 있는 말씀이며 죽어있는 말씀인 것입니다. 하나님의 말씀이지만 죽어 있기에. 일반문서와 별 차이가 없는 말씀입니다. 이는 힘도 없고 능력도 없는 문서에 지나지 않는 것입니다. 그래서 성경을 그라페라 하는 것입니다.

로고스가(하나님) 레마로(소리.음성.말) 말씀하실 때까지는 살아있는 말씀이었습니다. 그러나 레마로 있는 말씀을 문자화시키면서 로고스가 한 말씀인 레마는 죽게된 것입니다. 만약 그 말씀이 레마 상태로 있다면 그 말씀은 죽은 말씀이 아니라 진짜 살아 역사하는 말씀이지만 음성을 문자화 시켰기에 기록된 로고스는 죽어 있는 말씀이 되는 것입니다.

5. 기록된 로고스를 레마로 살려 내야 성경은 역사 합니다.

기록된 로고스를 레마로 살려 내려면 어떻게 해야 할까요?

말씀을 레마로 살려내기 위해 암송한다면 어떻게 될까요? 과연 암송으로 기록된 로고스를 레마로 살려낼 수 있느냐는 것입니다. 암송으로는 기록된 로고스를 살려 낼수 없습니다. 그저 말씀을 기억하고 있을 뿐이지 암송은 기록된 로고스를 레마로 살려내지는 못합니다.

우리가 만약 기록된 로고스를 다시 레마로 살려만 낸다면 이 말씀은 천지를 창조 할 때와 똑 같이 능력이 있고 표적이 있고 불가능이 없는 전지전능한 말씀이 되는 것입니다. 그러므로 우리의 관건은 어떻게 죽어있는 말씀(기록된 로고스)을 어떻게 레마(하나님의 음성.말.소리)로 살려 내느냐가 관건입니다. 만약 레마로 살려만 낼 수 있다면 이 말씀은 예수님 시대에서 역사 하셨던 같이 현재에도 그대로 역사하기 때문입니다. 성경 말씀을 하나님의 음성으로만 다시 살려 낼 수 있다면, 다시 말해 문자를 음성으로 만들 수 있다면 이는 천지도 창조할 수 있는 말씀이 되는 것입니다.

6. 기록된 로고스를 레마로 살려내는 방법은 믿음입니다.

그런데 이렇게 죽어있는 말씀을 다시 레마로(음성으로) 살려낼 수 있는 방법이 있습니다. 그것은 좀 전에 말씀 드렸지만 암송으로는 불가능합니다. 이렇게 죽어 있는 하나님의 말씀을 살려낼 수 있는 유일한 방법은 믿는 것입니다. 다시 말해 문자를 음성으로 살려 낼 수 있는 유일한 방법은 말씀을 믿을 때 된다는 것입니다. 큐티인 적용 할 때가 아니라 바로 말씀을 문자적으로 믿을 때만 가능한 것입니다. 정확하게 말해서 호몰로게오로 믿을 때만 가능한 것입니다. 믿는다는 것은 진리와 믿음이라는 부분에서 말씀 드렸듯이 인정하는 것을 말합니다. 내 믿음을 가지고 말씀을 그대로 인정하면 그 말씀이 레마로(음성으로) 살아나서 전능하게 되는 것입니다. 그래서 표적과 이적이 따르게 되는 것입니다.

7. 기록된 로고스를 문자적으로 믿을 때만 말씀이 레마로 살아납니다.

우리가 이렇게 기록된 로고스(말씀)를 문자적으로(호몰로게오) 믿는 순간 우리는 모세가 성경을 기록하던 시대와 예수님이 제자들에게 말씀하시던 4000년과 2000년이라는 시간을 초월 하게됩니다. 다시 말해 기록된 로고스를 믿는 순간 시간이라는 개념은 사라지는 것입니다. 그래서 마치 주님이 제자들에게 2000년 전에 말씀하신 것과 같이 우리가 믿으면 주님이 제자들의 귀에다(레마) 말씀하셨던 것 같은 효과가 나타나는 것입니다.

다시 말해 말씀을 믿을 때 레마로 살아난다고 했는데 이 말은 우리가 믿으면 주님이 그때 당시 제자들의 귀에다(레마로) 말씀하시는 순간과 똑 같은 역사가 나타나서 시간이 초월됩니다. 그래서 지금 주님이(로고스) 내 귀에 (레마로) 말씀 하시는 것이 되는 것입니다. 제자들이 주님의(로고스) 말씀을(레마) 귀로 듣는 것 같이 우리가 말씀을 문자적으로 믿으면 말씀은 문자가 아닌 소리로(레마) 주님이 내 귀에(레마) 말씀하시는 것입니다.

어거스틴은 신앙생활은 현재라고 말했는데 이 말은 성경은 과거의 말이 아니라 현재의 말이라는 말도 포함하고 있는 말입니다. 다시 말해 2천년 전이나 4천년 전이나 관계없이 하나님은 현재 내 귀에 대고 말씀하고 있다는 것입니다. 우리가 말씀인 기록된 로고스를 믿을 때 바로 이런 일이 일어난다는 말입니다. 성경을 여러분이 이렇게 레마로 믿으면 말씀이 시간을 초월해 주님이 제자들에게 말씀하신 것 같이 내게 그대로 재현되는 것입니다.

예를 들면 벧전 2:24절의 "저가 채찍에 맞음으로 너희가 나음을 얻었나니"라는 말씀을 암송한다던가 적용을 하면 병에서 치료를 받지 못하지만 이 말씀을 믿으면 주님이(로고스) 지금 내 귀에(레마) 대고 "내가 채찍에 맞았으니 너는 나았다"라고 하는 말이 되는 것입니다. 그래서 믿으면 어떤 병도 다 치료가 되는 것입니다. 제가 드린 이 부분을 잘 이해하시면 이제부터 성경이 하나님으로 보이기 시작할 것입니다. 성경은 이렇게 살아있고 전능한 레마 입니다. 그러나 이 말은 문자적으로 믿는(호몰로게오) 자에게만 해당한다는 것을 꼭 기억하시길 바랍니다.

8. 성경은 천국에서 생방송 하는 말씀입니다.

성경구절을 몇 요절인지 정확하게 알 수 없지만 약 2만여 요절이 있다고 생각합시다. 프라레릭 프라이스 목사는 살아 역사하는 믿음이라는 책에서 말씀하시길 "하나님은 지금 천국 방송국에서 텔레비젼으로 약2만 여개의 채널을(각 구절) 통해 우리에게 매일 같이 생방송으로 중계를 하고 계신다는 것입니다.

하나님은 똑 같은 말씀을 4천년 동안 매일같이 생방송으로 우리에게 말씀하고 있다는 것입니다. 예를 들어 우리가 KBS 프로를 보고 싶으면 KBS라는 채널을 선택해서 봅니다. 그런데 MBC틀어 놓고 KBS프로를 보려고 기다리면 아무리 기다려도 KBS프로는 나오지 않습니다. 왜냐하면 채널이 맞지 않기 때문입니다. 그러나 KBS를 보고 싶으면 채널을 KBS에 맞추면 됩니다. 그러면 자동적으로 KBS프로가 나옵니다.

프라이스 목사님은 이와 같이 지금 성경 말씀이 4천년 전 말씀이든 2천년 전 말씀이든 관계없이 현재 생방송으로 각 요절이라는 채널을 통해 매일 같이 천국에서 주님이 생방송으로 중계를 하고 계시다는 것입니다. 매일, 매 시간, 매초 할 것 없이 4천년 전부터 지금까지 현재 각 구절이라는 채널을 통해 생방송으로 중계를 한다는 것입니다. 그러므로 하나님의 말씀이 아무리 오래된 말씀이라 할지라도 이 말씀은 냉동되어 있는 찐빵이 아니라 방금 나온 김이 모락모락 나는 찐빵이라는 것입니다.

저는 이 말씀을 책을 통해 읽고 얼마나 기뻤는지 모릅니다. 왜냐하면 성경을 하나님의 말씀으로는 보았지만 현재 나에게 지금 하시는 말씀인줄은 몰랐기 때문입니다. 그러나 이 책을 통해 너무 은혜를 받고 성경을 보니 성경이 글로 보이지 않고 종이는 주님의 얼굴로 보이기 시작했습니다. 그리고 글자는 주님의 입의 말인 소리로 (레마) 보이기 시작했습니다.

그래서 한때는 성경을 보고 "주님! 제가 얼마나 주님 얼굴을 보고 싶었는데 주님 얼굴이 여기 있었네요! 하며 성경을 껴안고 마치 주님을 껴안은 것 같이 뽀뽀하고, 주님 사랑합니다" 하며 기뻐했습니다.

그리고 성경 말씀을 과거의 말씀으로 보았던 것을 회개했습니다. 그후로 지금까지 말씀을 하나님의 얼굴과 소리로 믿고 있습니다. 그리고 이 말씀을 붙잡고 기도하니 기도 하는데로 거의 90%이상 응답을 받았습니다. 제가 말씀 드렸지만 제가하는 기도는 말씀을 붙잡고 하는 기도입니다. 그러므로 말씀이 하나님의 음성인 레마로 들리지 않으면 기도응답을 받을 수 없습니다.

그래서 이 부분이 얼마나 중요한지 모릅니다. 프라이스 목사는 말하길 여러분이 지금 질병에 걸렸다면 벧전 2:24절이라는 채널을 틀어서 믿으라는 것입니다. 그러면 모든 병에서 치료가 되고, 물질 때문에 어려움을 겪고있으시다 면 고후 8:9절이나 갈 6:7절과 같은 채널을 선택해서 믿으라는 것입니다. 그러면 물질의 문제가 해결된다는 것입니다.

프라이스 목사는 말하길 우리가 하나님의 뜻을 찾는 방법은 성경 안에서 한 구절이라도 내가 기도하려는 말씀이 나오면 뜻을 찾기 위해 기도해 볼 것 없이 나와 있는 성경 말씀이 곧 하나님의 뜻이라는 것입니다.

케네스 해긴 목사도 하나님의 뜻을 찾는데 역시 시간을 낭비하지 말고 말씀에 나와 있으면 하나님의 뜻이라고 말씀하십니다.

그러므로 지금 내가 하는 기도가 하나님의 뜻인가 하며 뜻을 찾는데 시간을 낭비하지 말라는 것입니다. 그리고 그 말씀을 붙잡고 기도하라는 것입니다. 그러면 다 응답 받을 수 있다는 것입니다. 내가 지금 필요한 채널은 벧전 2:24절인데 갈 6:7절을 붙잡고 기도하면 채널이 맞지 않아 응답을 받을 수 없다는 것입니다. 돈이 필요하면 돈에 관한 말씀을 찾아서 그걸 붙잡고 기도하면 되고, 질병에 걸렸다면 치료에 관한 말씀을 붙잡고 기도하면 된다는 것입니다.

당신에게 필요한 말씀을 선택하는 것은 당신이 지금 필요로 하는 부분을 찾아 선택하면 되는 것입니다. 그러므로 기도응답을 받기 전에 우리가 할 일이 있는데 그것은 내가 하려는 기도의 내용에 맞는 채널인 성경구절이 있는지 먼저 찾아보고, 찾았으면 그 말씀을 붙잡고, 믿으며, 기도하라는 것입니다.

그러면 반드시 응답을 받게 되어 있습니다. 이 책을 보시는 분들 중에 제 말씀이 잘 이해가 되지 않으시면 프레데릭 프라이스 목사의 책을 한 번 사서 보시든지 아니면 기도응답 전문학교에 오셔서 직접 설명을 들어보시길 바랍니다. 그러면 성경 말씀이 하나님의 입에서 나온 레마의 말씀임을 알게 될 것입니다.

성경은 상징이 아닙니다. 성경은 상징이 아닌 실제입니다. 다른 말로 하면 문자 그대로 이루어집니다. 그래서 성경을 믿으면 기노스코와 야다가(체험) 되어 역사가 나타나는 것입니다.

상징에 대하여 예를 들어 설명하자면 "아내가 시내에서 가방을 사왔다면 이는 가방을 사온 것입니다. 그런데 상징은 가방을 자동차나 오토바이로 놓고 해석하는 것이 상징입니다" 그러나 가방은 가방이지 다른 해석이 필요하지 않는 것입니다. 가방을 사왔다고 하면 가방을 사온 것이지 그것을 왜 자동차로 놓고 보고 오토바이로 놓고 보고 있습니까? 이는 말씀을 믿지 않기에 그렇게 보는 것입니다. 저는 성경을 상징으로 보는 것을 좋아하지 않습니다. 상징으로 보면 성경이 기노스코와 야다가 될 수 없기에 기도응답을 받지 못하게 되기 때문입니다.

9. 우리가 말씀을 믿어야 할 이유는

첫째는 시 107:20절을 보면 "저가 그 말씀을(레마, 소리.) 보내어 저희를 고치사 위경 에서 건지 시는도다"라고 되어 있기 때문입니다.

다시 말해 하나님은 우리의 병을 고치실 때 주님이 직접 나타나서서 치료해 주시는 것이 아니라 말씀을 보내서서 치료해 주시고 위경 에서 건져 주시기 때문입니다.

우리는 하나님은 믿지만 말씀은 믿지 못한다고 하는 사람이 있는데 이는 결국 하나님도 믿지 않는 다는 말입니다. 왜냐하면 하나님의 말씀은 하나님의 입에서 나온 말입니다. 결국 말과 말을 하신 분은 같은 분입니다. 그런데 말씀하시는 하나님은 믿는데 그 분의 말씀을 믿지 못한다는 것은 이는 하나님도 믿지 않는 다는 말입니다.

예를 들면 "유식이는 믿는데 유식이의 말은 하나도 믿지 못한다"하면 결국 이 말은 유식이도 믿지 못한다는 말입니다. 왜냐하면 유식이의 말(소리)은 유식이라는 사람에게서 나온 것이기 때문입니다. 제 말을 믿는 다는 말은 저를 믿는다는 말입니다. 그러므로 하나님은 믿는데 그분이 한 말씀은 믿지 못하겠다 하는 것은 결국 하나님을 믿지 못한다는 말입니다.

둘째로 눅 1:37절을 보면 "대저 하나님의 모든 말씀(레마,소리)은 능치 못하심이 없느니라"고 말씀하고 있기 때문입니다.

하나님의 말씀이 전능하기 때문에 그 말씀을 믿으면 전능한 일이 일어나기 때문입니다. 그러므로 말씀을 기노스코와 야다로 믿어야 기도응답을 받을 수 있는 것입니다.

결론

요 15:7절을 보면 "너희가 내 안에 거하고 내 말이 너희 안에 거하면 무엇이든지 원하는 대로 구하라 그리하면 이루리라"라고 말씀하고 있습니다. 여기서 기도응답의 관건에 대해서 말하는 것은 너희가 내 안에 있고 즉 "우리가 주님 안에 있고, 내 말이 너희 안에 거하면 원하는 데로 구하라 그러면 그대로 된다는" 것이다. 굉장히 중요한 말입니다.

그러므로 우리가 이대로만 하기만 하면 기도응답을 받는데는 기도의 시간이나, 양은 필요하지 않고 바로 응답을 받을 수 있는 것입니다.

그런데 여기서 "무엇이든지"라는 말은, 돈 문제는 안되고, 건강

문제는 안되고, 자녀문제는 안되고, 남편문제는 안되고 라는 말이 아니라 그 문제가 어떤 것이든지 우리가 주님 안에 있고 주님의 말씀이 우리 안에 있기만 하면 다 응답 받을 수 있는 것입니다.

그런데 여기서 우리가 주님 안에 거하는 것은 아주 쉬운 문제입니다. 왜냐하면 예수만 믿으면 우리는 누구나 관계없이 다 주님 안에 있는 것이 되기 때문입니다. 그런데 문제는 주님의 말씀이(성경구절) 우리 안에 거하게 해야 응답을 받을 수 있는 것입니다.

이렇게 주님의 말씀이 우리 안에 거하게 하는 것은 쉬운 일이 아닙니다. 만약 주님의 말씀이 우리 안에 거하기만 하면 우리는 모든 응답을 다 받을 수 있기 때문입니다. 그런데 이 말씀을 자세히 보면 주님이 우리 안에 거하면 기도응답을 주신다 하지 않고 내 말이라고 했습니다. 다시 말해 성경말씀이 우리 속에 거하게 하기만 하면 무슨 기도든지 다 응답을 받을 수 있다는 것입니다. 그러므로 기도응답의 관건은 말씀을 우리 속에 거하게만 만들면 되는 것입니다.

이렇게 하나님의 말씀을 거하게만 하면 기도응답은 따 놓은 당상이 되는 것입니다. 내 말이 너희 안에 거하면 응답을 받을 수 있다고 했는데 하나님의 말씀을 내 안에 거하게 하는 방법은 말씀을 믿으면 되는 것입니다.

그러면 말씀이 레마가 되기에 이렇게 말씀을 믿어 레마로 만들기만 하면 말씀이 우리 속에 있는 것입니다. 그러나 여기서 말씀이 우리 속에 있는 것으로도 기도응답을 받을 수 없는 것입니다.

왜냐하면 거하게 만들어야 하기 때문입니다. 그러므로 기도응답의 관건은 말씀을 우리 속에 거하게 하는 것입니다. 이 거하게 하는 것은 다음 장에서 다루도록 하겠습니다. 다음 장에서 드리는 말씀은 기본, 필수 정도가 아니라 핵심에 해당하오니 자세히 읽으시길 바랍니다.

모든 기도응답의 관건은 남은 세 장에 달려 있습니다. 하나님은 불가능이 없는 분이 십니다. 하나님이 불가능이 없는 분이라는 것은 그분이 하신 말씀이 불가능이 없다는 말입니다. 우리가 말씀을 불가능이 없는 말씀으로 믿는 것은 기록된 로고스를 믿으면 됩니다. 그러면 말씀이 레마가 되어 불가능이 없는 말씀이 되는 것입니다. 그러므로 성경 말씀을 믿어 놀라운 표적을 체험하시길 바랍니다.

제15장

말씀을 굳게 잡아야 기도응답을 받을 수 있다

지금 제가 드리는 말씀은 기도응답의 핵심 중에 핵심입니다. 그러므로 제가 지금 드리려고 하는 부분을 잘 이해하지 못하면 여전히 기도응답을 받지 못하게 되오니 이 부분을 완전히 이해 될 때가지 몇 번을 읽어보시고 또한 그래도 이해가 되지 않는다면 기도응답 전문학교에 오셔서 자세한 내용을 배우시길 바랍니다.

1. 영을 치유하는 것은 기도응답의 핵심입니다.

우리가 기도응답을 받기를 원한다면 영을 치유해야 합니다. 영을 치유하지 않으면 기도응답을 받지 못합니다.

요삼 1:2 사랑하는 자여 네 영혼이 잘 됨같이 네가 범사에 잘 되고 강건하기를 내가 간구하노라

이 요한삼서는 요한의 서신으로 요한이 쓴 것입니다. 이 요한삼

서를 썼을때 요한의 나이가 약90에서 97세 정도 되었을 때입니다. 사도 요한에 대한 신화적인 전승은 굉장히 많이 내려옵니다. 그는 로마 황제 도미티아누스가 기독교를 핍박할 때 잡혀 기름 가마에 들어갔지만 죽지 않았다고 합니다. 그래서 어쩔 수 없이 밧모섬에 유배되었다고 합니다. 또한 그는 밧모섬에서 유배가 풀린 후 자유를 얻어 100살까지 살다 만100살이 넘자마자 죽었다고 하며 죽은 후에 그의 무덤이 흔들렸다고 합니다. 그래서 많은 사람들은 요한이 죽은 것이 아니라 자고있다고 생각했다고 합니다.

어째든 이것이 사실이든 아니든 그것은 중요하지 않습니다. 확실한 것은 그가 다른 사도들과 다르게 순교하지 않고 무병 장수했고, 하는 일 마다 성공한 사람이라는 것입니다. 또한 그는 살아생전 주님으로부터도 가장 많은 사랑을 받았던 제자입니다. 그러면 이 요한 사도가 어떻게 해서 이런 복들을 받을 수 있었을까요.

요삼 1:2 사랑하는 자여 네 영혼이 잘 됨같이 네가 범사에 잘 되고 강건하기를 내가 간구하노라

그것은 바로 요삼 1:2절이 말하듯이 영혼이 잘되면 이런 일이 일어나는 것입니다. 다시 말해 요삼 1:2절은 요한이 승리한 비결을 기록한 간증문인 것입니다. 요한이 요삼 1:2절을 쓰면서 그는 지금까지 승리하고 어떻게 하나님으로부터 이 많은 복을 받았는지에 대

해 지금 설명하고 있는 것이 요삼 1:2절입니다.

저는 이 말씀의 중요성을 알지 못했습니다. 그러나 조용기 목사님이 이 말씀을 많이 말씀 하셨기에 저도 뜻과 이유는 모르지만 좋아했습니다.

그러던 어느 날 어느 목사님의 책을 보다가 이 내용이 나오는 것을 보고 깜짝 놀랐습니다. 그 목사님은 말씀하시길 "나의 재정과 건강과 영적인 모든 문제의 해결은 영혼이 잘되게 되면서 되었습니다. 영혼이 잘만 되면 이 모든 문제는 저절로 해결됩니다" 하시는 것이었습니다.

그래서 이 말씀에 은혜를 받아 자세히 요삼 1:1-2절 깊이 묵상하며 살펴보았습니다. "요삼 1:1 장로는 사랑하는 가이오 곧 나의 참으로 사랑하는 자에게 편지하노라 요삼 1:2 사랑하는 자여 네 영혼이 잘 됨같이 네가 범사에 잘 되고 강건하기를 내가 간구하노라"

그랬더니 중요한 내용들이 나오고 있었습니다. 그것은 요한이 내가 90이 넘도록 이처럼 건강과, 물질과, 영적인 복들을 받을 수 있었던 것은 "영혼이 잘되게 하니까 범사가 잘되고 강건하더라" 하고 가이오에게 지금 승리의 비결을 간증하고 있는 내용이 본문이라는 것을 알게 되었습니다.

그런데 여기서 범사라는 말은 헬라어로 파스라는 말로 이 말은 생활의 전반적인 모든것을 포함하는 말입니다. 여기서 이것은 해당하지 않다, 그러므로 이것은 빼라!는 말이 아니라 전체를 말합니다.

다시 말해 손만 대면 잘되는 것을 말합니다. 그리고 "잘됨 같이 또는 잘되고"라는 말은 유오도오라는 말로 이 말은 순조로운 여행 또는 사업이 성공하고, 번영하다라는 말로 쓰이는 말입니다.

다시 말해 범사가 잘된다는 말은 손만 대면 그것이 물질적인 것이든 또는 다른 것이든 할 것 없이 다 성공한다는 말입니다.

그리고 "강건" 이라는 말은 "휘기아이노"라는 말로 이는 아주 신체적으로 건강한 상태를 말합니다. 그런데 요삼 1:2절을 보면 이렇게 물질적으로 잘되고, 신체적으로 강건하게 되는 원인에 대하서 뭐라고 말을 하느냐면 영혼이 잘되면 이런 것들은 자동적으로 쫓아온다는 것입니다.

그러므로 영의 치유가 되는 것은, 기도응답과, 사업과, 건강의 최대 관건이 됩니다. 이 말은 영만 치유하면 나머지는 줄줄이 사탕이라는 말입니다. 요한은 영혼이 잘되면 어떻게 되는지를 알고 있었고 자기가 어떻게 해서 무병장수하고 물질적으로 어려움 없이 90이 넘게 살았는지 지금 말씀하는 것이 요삼 1:2절입니다.

이 요삼 1:2절을 자세히 보면 가이오를 향한 기도입니다. 다시 말해 요한은 사랑하는 제자 가이오에게 "가이오야 내가 너를 위해 날마다 기도하는 내용은 너의 영혼이 잘되기를 간구하고 있다. 왜냐하면 너의 영혼이 잘되면 너는 나처럼 무병장수하고 하는 일마다 잘될 것이기 때문이다"라고 말하는 부분이 요삼 1:2절입니다.

요한은 지금 가이오에게 자기가 어떻게 해서 성공했는지 그 비결을 한마디로 지금 설명하고 있는 것입니다. "그러니 '가이오' 야 너도 나처럼 잘되기를 바라면 너도 너의 영혼이 잘되길 언제나 간구해라 그러면 너도 나처럼 이렇게 하는 일마다 잘 되고 성공 할 수 있단다"하며 지금 가이오에게 편지로 말하고 있는 것이 요삼 1:1-2절인 것입니다.

요삼 1:1-2절은 단지 가이오를 향한 요한의 기도가 아닙니다. 이는 요한의 신앙고백입니다. 좀 더 쉽게 풀이해서 말씀 드리면"사랑하는 제자 가이오야! 나는 너를 위해 날마다 너의 영혼이 잘되기를 기도하고 있다. 그 이유는 내가 지금까지 내가 살아오면서 숫한 어려움을 겪었지만 인생에 굴곡이 없이 이렇게 돈 걱정하지 않고, 건강 때문에 걱정하지 않고, 순탄하게 무병 장수 하게 살수 있었던 것은 나는 기도할 때마다 내 영혼이 잘되기를 기도했기 때문이다. 그래서 내가 이렇게 살아 있는 것이다. 그러므로 사랑하는 가이오야 너도 나처럼 영혼이 잘되게 하는데 힘쓰기를 바란다. 그러면 너도 나처럼 주님의 사랑을 독차지하며 살수 있단다"하며 지금 간증섞인 당부로 말하는 것이 요삼 1:1-2절입니다.

지금까지 요삼 1:2절을 살펴보았던 것 같이 이처럼 영혼이 잘되게 하는 것은 중요합니다. 왜냐하면 영혼만 계속 잘되게 하면 기도할 것도 없이 생각만 하면 응답이 오고 하는 일마다 자동문과 같이 문제들이 해결되기 때문입니다. 그러므로 우리가 다른 어떤 기도보다 중요한 기도는 영을 잘되게 하는 기도입니다. 다시 말해 영을 치유하는 기도입니다. 이 영을 잘되게 하는 방법은 먼저 말씀을 드렸지만 첫사랑 기도와 헌신기도를 많이 하는 것이며 성령의 임재 가운데 있는 것이며 그리고 지금 말씀 드리려고 하는 부분입니다.

2. 영을 치유하는 방법

제가 먼저 장에서 레마에 대하여 말씀 드리면서 로고스가 말씀한 것을 레마라 했고 이 음성을 문자화 시킨 것이 기록된 로고스 라고 했습니다. 그리고 이 기록된 로고스는 죽어있는 말씀이라고 했습니다. 성경은 그냥 나두면 죽어있는 말씀이라고 했습니다. 이렇게 죽어 있는 말씀이기에 그라페라고 했습니다. 그러므로 성경이 하나님의 말씀이지만 살려내지 않으면 아무 능력도 없는 시체와 같은 것이 성경이라고 했습니다. 그래서 죽어있는 이 하나님의 말씀을 다시 살려내는(레마인 소리화 시키는것) 작업이 필요한데 이 작업이 바로 성경을 문자적으로 믿을 때 살려 낼 수 있다고 했습니다. 죽어 있는 성경을 레마로 만드는 작업이 믿는 것 즉 인정하는 것이라고 말했습니다.

우리가 말씀을 믿으면 믿는 순간 죽었던 말씀이 다시 살아나는 것입니다. 이렇게 문자적으로 믿을 때 죽어 있는 말씀이 살아나는데 이 문자적으로 믿는 다는 말은 정확하게 성경을 호몰로게오로 믿는 다는 말입니다. 말씀을 문자적으로 믿어서 살려낸 말씀은 반쯤 살려낸 말씀이지 완전하게 살려낸 말씀이 아닙니다. 그런데 완벽하게 말씀을 레마로 살려내는 것이 바로 호몰로게오 입니다. 여러분들이 레마부분을 다룰 때부터 지금까지 생각되는 것이 도대체 이 호몰로게오라는 말이 무슨 말인가 하는 것일겁니다.

죽어 있는 말씀을 다시 살리는 방법은 말씀을 문자적으로 믿어야 하는데 정확하게 말해서는 말씀을 호몰로게오를 만든 말씀만 살아 있는 레마가(소리) 되는 것입니다. 그러므로 호몰로게오를 아는 것은 아주 중요합니다.

그래서 이 호몰로게오라는 부분을 지금부터 다루고 또한 말씀을 굳게 잡는 것을 다루겠습니다. 말씀을 호몰로게오로 만들어 고백하는 말씀만 살아있는 말씀이고 레마이고 영을 치유하고 모든 문제를 해결할 수 있는 말씀입니다.

3. 기도응답은 하나님과 똑 같은 말을 해야 받는 것입니다.

롬 10:10절을 보면 "사람이 마음으로 믿어 의에 이르고 입으로 시인하여 구원에(기도응답. 표적) 이르느니라"

여기서 구원이라는 말은 영혼 구원만 말하는 것이 아니라 기도응답도 구원이며 표적도 구원입니다. 그러므로 여기서 구원은 생활의 전반적인 것으로 생각하시길 바랍니다. 그런데 이 구원은 입으로 시인할 때 받는 것입니다.

여기서 마음으로 믿고, 입으로 시인할 때라는 말에 대하여는 두 가지로 해석이 되는데 그것은 히브리식 개념과 헬라식 개념입니다. 마음으로 믿는다라는 말의 히브리식 개념은 입술의 고백을 말합니다. 그래서 롬 10:10절의 마음으로 믿고 입으로 시인하고는 결국 입으로 시인하는 것만 말하는 것이지 생각으로 믿는 것을 말하는 것이 아닙니다.

그러나 헬라식 개념에서 마음으로 믿고 입으로 시인한다 할 때

마음은 입술의 고백이 아닌 쉽게 말해서 생각으로 믿는 것을 말하고 입으로 시인한다는 말은 입술의 고백을 말합니다.

다시 말해 히브리식 개념으로 구원을 받는 것은 무조건 입술의 고백이 없으면 믿는 것이 아니라는 말이고 헬라식 개념은 생각으로 믿어야 하고 입술의 고백으로 믿어야 구원을 받을 수 있다는 것입니다. 히브리식 개념이든 헬라식 개념이든 어째든 중요한 것은 시인이라는 단어입니다.

왜냐하면 입술의 고백을 두 번 하는 것도 시인에 해당하며 마음으로 믿고 입으로 고백을 해도 시인이 들어가야 하기 때문입니다. 그러므로 우리는 다른 단어에 관심을 갖지 말고 이 시간에는 "시인"이라는 말에만 관심을 갖길 바랍니다.

이 시인이라는 말이 헬라어로 호몰로게오로 되어 있습니다. 이 호몰로게오라는 말은 단순하게 "그냥 동의하다, 인정하다, 고백하다, 시인하다"라는 말로 되어 있습니다. 그러므로 별 뜻이 없고 우리가 알고 있는 것에서 벗어나지 않습니다.

우리가 원어를 볼 때는 몇 가지 보는 방법이 있는데 그것은 단어의 유래를 살펴보는 것입니다. 그리고 또한 그 단어를 분해해서 보는 것입니다. 헬라어는 대부분 두 단어가 합성되어 한 뜻을 나타내기에 분해해서 해석하는 것은 아주 중요한 것입니다.

이렇게 분해해서 다시 결합시켜 해석을 하면 놀라운 말씀들이 나오는데 그 놀라운 말씀 중에 한 가지가 바로 제가 가장 중요시 여기는 "시인"이라는 호몰로게오라는 말씀입니다. 그런데 이 호몰로게오라는 말을 분석을 해보면 호모라는 말과 로고스라는 말이 결합된 말입니다.

여기서 호모라는 말은 "-와 똑같은"이라는 말이고 로고스라는 말은 우리가 알고 있는 데로 "하나님 또는 하나님이 하신 레마인 말씀"을 의미하는 말입니다.

다시 말해 호모라는 말은 우리가 동성연애자들을 "호모"라 하지 않습니까. 바로 그 말의 유래가 헬라어 "호모"에서 나온 말입니다. 호모라는 말은 마치 그와 같은 뜻을 가지고 있습니다. 그러므로 호모라 할 때는 동성연애를 생각하면 이해가 쉽게 될 것입니다.

이렇게 분석한 말씀을 다시 한 번 분석한 상태에서 결합을 시켜 보겠습니다. 그러면 이렇게 해석이 됩니다. "하나님이 하신 말씀과 똑 같이 하는 고백"이 시인이라는 말이 됩니다.

아직까지 무슨 말씀인지 잘 이해가 되지 않을 것입니다. 다시 말해 시인이라는 말은 내가 고백하는 말이 하나님이 하신 말씀과 똑같이 해야 바로 시인이라는 말이 되는 것입니다. 간단하게 말해 하나님이 하신 말씀과 아주 똑 같이 말을 해야 되는 것입니다. 이렇게 똑 같이 할 때만 이 말씀이 레마로 살아나고 이렇게 살아나야 구원에(기도응답) 이르게 되는 것입니다.

더 쉽게 말씀 드리면 "내가 하는 대로 그대로 따라 해봐" 하는 것과 같은 것을 말합니다. 우리가 따라 해봐 하면 그대로 따라 하는 것 같이 이렇게 그대로 따라 하는 것 그것이 바로 시인이라는 말입니다.

하나님이 하신 대로 그대로 따라하는 것 그것이 바로 시인, 즉 호몰로게오라는 단어의 뜻입니다. 영의 치유는 바로 말씀을 이렇게 호몰로게오로 만들어야 영이 치유되고 모든 문제가 해결되기 시작하는 것입니다.

4. 모든 말씀을 호몰로게오로 만든다는 말은

첫째로 "나를" 주어로 만드는 것이 호몰로게오 하는 것입니다.

제가 앞에서 말씀을 호몰로게오로 만들면 영이 치유되고 모든 문제가 해결되고 기도응답을 받을 수 있다고 말씀 드렸습니다. 여러분 중에 생각하시길 "아 너무 쉬운 문제네!" 하고 생각하시면서, 아! 그러면 말씀을 그대로 고백해라 했으니까 암송하여 고백하면 되겠구나! 하고 생각할 것입니다.

그러나 암송하여 고백하는 것은 호몰로게오의 고백이 아닌 역시 죽어있는 말씀이며 아무 능력도 없는 말씀입니다.

그러므로 아무리 암송을 해도 당신의 어떤 문제도 해결할 수 없습니다. 다시 말해 암송은 앵무새의 고백이지 그것은 호몰로게오의 고백이 아닙니다. 그러므로 어떤 문제도 해결되지 않습니다. 그래서 앵무새가 말씀을 암송한다고 이적과 표적을 체험하는 것이 아닙니다. 왜냐하면 앵무새의 고백은 진짜 따라하는 고백이 아닌 흉내이기 때문입니다. 흉내는 말 그대로 흉내지 그것은 자기 것이 아닙니다. 그러므로 능력이 없습니다. 그러면 어떻게 해야 암송이 아닌 하나님이 하신 말씀과 똑 같이 고백하느냐는 것입니다.

그것은 모든 말씀을 "주어"로 만들어 고백을 해야 하나님이 하신 말씀과 똑 같이 고백하는 것이 됩니다. 이렇게 말씀 드리면 잘 이해가 되지 않을 것입니다. 그래서 제가 몇 가지 예를 들어 설명 드리도록 하겠습니다.

예를 들어 어떤 사람이 병에 걸렸습니다. 이때 벧전 2:24절인 "저가 채찍에 맞음으로 너희는 나음을 얻었나니"

이 말씀을 믿고 고백하면 치료된다고 하는 말을 듣고 고백하기 시작했습니다. "저가 채찍에 맞음으로 너희는 나음을 얻었느니라" 라고 말입니다.

이렇게 천 번을 고백했습니다. 그러면 이 사람의 질병이 나았겠느냐는 것입니다. 낫지 않습니다. 왜냐하면 이렇게 고백한 것은 호몰로게오의 고백 즉 하나님과 똑 같이 말한 것이 아니기 때문입니다.

아픈 것은 내가 아픈 것입니다. 그런데 이 사람은 건강한 사람을 향해 "저가 채찍에 맞음으로 '너희가' 나음을 얻었다"라고 고백함으로 건강한 사람을 향해 "너는 나았다"라고 고백하기 때문입니다.

그래서 건강한 사람은 이 소리를 듣고 더 건강해 지고 본인은 더 건강이 악화되고 나빠지는 것입니다. 왜냐하면 내가 아픈데 "너가" 낳았다고 말하고 있기 때문입니다. 그래서 이렇게 고백하는 것을 가리켜 앵무새의 고백 또는 암송이라고 하는 것입니다. 그래서 암송은 능력이 없다고 했고 여전히 죽어 있는 말씀이라고 한 것입니다.

그러면 이 죽어 있는 하나님의 말씀을 레마로 살려내서 표적과 이적을 어떻게 체험하게 만들 수 있을까요? 그것은 너무 간단한 문제입니다. 그 방법은 성경의 모든 말씀을 주어로 바꾸어 고백히면 되는 것입니다.

예를 들면 벧전 2:24절을 호몰로게오로 만들자면 이렇게 하면 됩니다. "저가 채찍에 맞음으로 너희가 나았다"는 말을 "예수께서 채찍에 맞음으로 내가 나음을 얻었다"라고 바꾸면 되는 것입니다.

자, 여기서 자세히 보면 "저가"라는 말을 "예수"로 바꾸었고 "너희가"라는 말을 "내가"로 바꾸었습니다. 다시 말해 주어를 "나"로 바꾼 것입니다. 이렇게 고백하는 고백만이 어떤 병이든 치료하고 문제를 해결하는 것입니다.

그러므로 암송하며 고백해도 치료받지 못하던 사람이 호몰로게오로 이렇게 바꾸어 고백하면 이제 치료되기 시작하는 것입니다. 우리 생각으로는 "아" 다르고 "어" 다른 것 같이 별 차이가 없어 보이지만 사실은 하늘과 땅의 차이가 나기 때문에 하나님의 말씀을 살아있는 상태로 만들어 한사람은 하나님이 하신 것과 똑 같이 고백해 문제들이 해결되기 시작하는 것입니다.

자 그렇다면 몇 가지 연습을 더 해 보겠습니다. 예를 들어 고후 8:9절인 "우리 주 예수 그리스도는 부요 하신 자로서 너희를 위하여 가난하게 되심은 그의 가난함을 인하여 너희로 부요케 하려 하심이니라" 이라는 말을 호몰로게오로 만들어 보겠습니다.

그러면 이렇게 됩니다. "예수께서 가난하게 되심으로 나는 (너희가 라는 부분을 나로 바꾸어야 한다) 부요하다 하면 되는 것입니다."

자, 그러면 시 23:1절을 가지고 연습을 한번 해봅시다. "여호와는 나의 목자시니 내가 부족함이 없으리로다." 이 말씀을 한 번 호몰로게오로 바꾸어 봅시다. 내용을 자세히 보니 이 말씀은 호몰로게오로 되어 있습니다. 그러므로 바꿀 것이 없습니다. 그래서 시편의 이런 말씀은 암송하여 고백만 하더라도 말씀이 역사 해 진짜 부족함이 없게 되는 것입니다.

그래서 시편을 많이 암송하고 고백하면 복을 받고 응답을 받는 것입니다. 왜냐하면 이미 호몰로게오가 되어 있기 때문입니다.

하나님이 꼼짝 못하시고 해결해 주실 수밖에 없는 것이 있는데 그것은 하나님이 하신 말씀을 가지고 호몰로게오로 바꾸어 하나님께 되돌려 보내는 것입니다. 이것이 하나님의 약점이십니다.

우리는 이 하나님의 약점을 가지고 장점으로 활용해야 합니다. 그러면 하나님이 꼼짝 못하시고 반드시 응답해 주시게 되어 있습니다.

이 원리를 잘 사용하시면 놀라운 일들이 일어납니다. 이렇게 바꾸어 고백하는 것을 묵상이라 하는 것입니다. 이렇게 호몰로게오로 바꾸어 하나님께 말씀을 다시 되돌려 보내시길 바랍니다. 이제 성경을 어떻게 믿어야 될지 알게 되었을 것입니다.

그러나 여기서 중요한 사실이 하나 있습니다. 이렇게 호몰로게오로 고백한다고 해서 당장 모든 문제가 해결되는 것은 아닙니다. 왜냐하면 영이 치유되는데는 시간이 걸리기 때문입니다.

예를 들면 이는 마치 금강하구에서 사는 사람들이 가뭄이라 해서 대청댐 관계자에게 물을 보내달라고 해서 대청댐 관계자가 당장 수문을 열었다고 바로 물이 금강하구 까지 도착하지 않고 며칠이 걸리는 것 같이 우리가 호몰게로오로 고백하면 당장 치료되는 경우도 있지만 때로는 3일, 때로는 6개월, 때로는 2년, 때로는 4년이, 걸릴 수도 있습니다. 그러나 확실한 것은 이렇게 고백을 하기 시작하면 자신은 모르지만 영이 치유되고 있고, 육체가 치유되고 있는 것입니다.

우리가 당장 치유되어야 한다고 생각하는 이유는 막 16:18절 때문입니다 " 뱀을 집으며 무슨 독을 마실지라도 해를 받지 아니하며 병든 사람에게 손을 얹은즉 나으리라 하시더라"

"막 16:18 병든 사람에게 손을 얹은즉 나으리라 하시더라" 여기서 보면 손을 얹은즉 나으리라 했기에 우리는 당장 나아야 한다고 생각하지만 여기서 "나으리라"라는 말은 헬라어로 "칼로스"라는 말인데 이 말은 미래적 점진적 진행을 뜻하는 말로 "회복하다"라는 뜻을 가지고 있습니다. 다시 말해 손을 얹으면 지금 당장 낳는다는 말이 아니라 우리가 인지하던 인지 하지 못하던 관계없이 손을 얹기 시작한 그 시점으로부터 치료되기 시작했다는 말입니다. 이 말은 점진적으로 회복되기 시작했다는 말이지 지금 당장 나았다라는 말이 아닙니다. 그러므로 서두르지 않으시면 시간이 지나면서 모든 문제는 자동적으로 해결되게 되어 있는 것입니다.

둘째로 이 호몰로게오라는 말속에는 행함이 포함되어 있습니다.

벧전 2:24절을 호몰로게오로 만들어야 병에서 치유된다고 했는데 바로 전에 말씀 드렸는데 여기서 더 생각해 볼 것이 있습니다. 당신이 진짜 주님이 하신것과 똑 같이 고백했다면 "주어"로 바꾼 것 가지고는 부족합니다. 왜냐하면 병이 나았다면 건강한 사람은 잠잘 때나 쉴 때 외에는 누워있지 않습니다. 건강한 사람은 움직입니다. 활동을 합니다. 그러므로 당신이 진정으로 나았다면 영을 치유하신 후에는 건강한 사람처럼 움직이려 노력해야 하는 것입니다. 그래야 당신이 진짜 벧전 2:24절을 호몰로게오로 믿는 자인 것입니다.

저는 기관지가 약해 기침 감기에 잘 걸립니다. 그래서 한 번은 벧전 2:24절 말씀을 가지고 호몰로게오로 믿기 시작했습니다. 그래서 나는 감기에 걸리지 않고 나았다라고 고백했습니다. 그리고 저는 나았다고 고백했기에 행했습니다. 여기서 행함이란 기침이 나오려고 할 때마다 억지로 참는 것이었습니다. 그런데 놀라운 일이 일어났습니다. 저는 기침 감기에 걸리면 최하 한 달에서 2달이 가는데 2주만에 기침의 문제를 해결했던 것입니다.

자, 그러면 재정문제 해결을 위해 한 번 말 3:10절과 갈 6:7절 말씀을 호몰로게오로 바꾸어 보겠습니다.

말 3:10 만군의 여호와가 이르노라 너희의 온전한 십일조를 창고에 들여 나의 집에 양식이 있게 하고 그것으로 나를 시험하여 내가 하늘 문을 열고 너희에게 복을 쌓을 곳이 없도록 붓지 아니하나 보라
갈 6:7 스스로 속이지 말라 하나님은 만홀히 여김을 받지 아니하시나니 사람이 무엇으로 심든지 그대로 거두리라

여기서 호몰로게오는 심은 대로 거둔다 했음으로 나는 심었다 그러므로 나는 거두었다 하는 작업과 또 한 가지 작업이 있어야 하는데 그것은 하나님과 이웃에게 진짜 행함인 심어야 한다는 것입니다. 그러므로 심지 않고 말로만 하면 재정의 복은 받지 못하는 것입니다.
자, 그렇다면 학생은 어떻게 해야 할까요.

엡 1:8 이는 그가 모든 지혜와 총명으로 우리에게 넘치게 하사

엡 1:8절을 보면 하나님이 모든 지혜와 총명을 우리에게 주셨다고 했습니다. 그러므로 여기서 호몰로게오는 나는 머리가 좋다. 왜냐하면 "하나님이 나에게 지혜와 총명을 주셨기 때문이다." 그러나

이는 진정한 호몰로게오가 아닙니다. 왜냐하면 천재적인 머리를 가졌다 할지라도 공부하지 않으면 둔재가 되는 것입니다. 그러므로 여기서 진정한 호몰로게오는 엡 1:8절을 주어로 바꾸어 고백하며 열심히 공부하는 것입니다.

어느 목사님은 16살 때 모든 근육이 마비되고 지금으로 하면 백혈병과 같은 병에 걸려 두 세번 죽었다가 살아났습니다. 그리고 87세까지 건강하게 사역하시다 소천 하셨는데 그분이 근육이 마비되고 혈액병으로 고통을 당하고 있을 때 의사가 왕진을 왔고 목사님들이 심방을 왔습니다. 그리고 그분들이 하시는 공통적인 말은 죽을 준비를 하라는 것이며 장례식때 부를 찬송을 미리 준비해야 하니 평소에 좋아했던 찬송가나 말해 달라고 했습니다. 그러나 그 목사님은 막 11:24절 말씀을 붙잡고 고백하기 시작했습니다. 나의 병은 나았다 4~5개월 고백을 했습니다. 그러나 치료되지 않았습니다. 그래서 생각하길 내가 치료되었으면 왜 누워 있지! 하며 어느 날 혼자의 힘으로 침대 끝을 잡고 떨면서 간신히 일어났습니다. 그리고 침대 끝에서 손을 놓았습니다. 놀라운 일이 일어났습니다. 마비되어 1년6개월 동안 걷지 못하던 목사님의 몸에 이상한 증상이 나타났습니다. 그것은 머리끝에서부터 발끝까지 3만 볼트의 전기 같은 것이 찌릿 하며 발끝가지 오더라는 것이었습니다. 감각이 찾아 온 것입니다. 그후 그 목사님은 87세까지 건강하게 한 번도 아프지 않고 사셨습니다. 여기서 보면 그 목사님에게도 영의 치유기간인 4~5개월이 있었고 혼자 움직이려는 행함이 있었습니다. 이렇게 그가 했을 때 치료되었다는 것입니다.

셋째로 당신이 진짜 호몰로게오로 말씀을 바꾸었다면 축사까지 해야 합니다.

자, 호몰로게오에 대하여 다시 한 번 살펴보겠습니다. 벧전 2:24절의 호몰로게오는 "주어로" 바꾸어 시인하는 것이며, 정상적으로 움직이려는 행함이 있어야 한다고 말씀 드렸습니다. 그리고 시편과 같은 경우는 이미 호몰로게오로 되어 있다고 말씀 드렸습니다.

그렇다면 약4:7절인 "마귀를 대적하라 그리하면 너희를 피하리라"라는 말을 호몰로게오로 바꾸어 보자는 것입니다. 이 말을 호몰로게오로 바꾸자면 먼저 "주어로" 바꾸면 됩니다. 마귀를 대적하면 마귀가 "너희를" 피한다라는 것을 "나를" 피한다고 하며 "주어로" 바꾸어 고백하는 것이 호몰로게오입니다.

그러나 이 말씀을 이렇게 주어로 바꾸었다고 해서 약 4:7절을 과연 호몰로게오로 완전히 바꾼 것일까요? 아닙니다. 왜냐하면 호몰로게오로 바꾸었다는 것은 고백과 행함이 같이 들어가야 하기 때문입니다.

그렇다면 약 4:7절의 호몰로게오는 무엇이냐는 것입니다. 그것은 진짜 악한 영을 대적하는 것입니다. 이것이 바로 약 4:7절의 완전한 호몰로게오입니다. 다시 말해 약 4:7절에서의 호몰로게오는 고백보다 실제로 마귀를 대적하는 행함인 축사를 하는 것이 중요합니다. 그러므로 진정한 호몰로게오는 축사까지 해야 되는 것입니다.

예를 들면 병에 걸렸다면 벧전 2:24절을 가지고 "나았다"고 고백하고 "행하면" 됩니다. 그러나 여기서 이 병이 죄로 인해 왔는지 음식으로 인해 왔는지 정확히 모르므로 행 10:38절을 가지고 일단 질병 귀신까지도 축사해 봐야 합니다. 왜냐하면 이병이 혹시 마귀로부터 왔을지도 모르기 때문입니다.

자 그러면 학생이 엡 1:8절을 가지고 호몰로게오로 공부한다고 생각해 봅시다. 그렇다면 여기서 할 일은 나는 천재적인 머리를 가지고 있다고 고백하면서 열심히 공부하는 것입니다. 그러나 한가지 더할 것이 있는데 그것은 바로 공부 못하게 만드는 미귀가 역사할 수 있는 것입니다. 그러므로 엡 1:8절의 완전한 호몰로게오는 축사까지 하는 것입니다.

자, 그렇다면 갈 6:7절이나 말 3:10절을 가지고 완전한 호몰로게오로 바꾸어 보겠습니다. 여기서 호몰로게오는 "심는 것입니다". 그리고 "나는 심었기에 거두었다"고 고백하는 것입니다.

그러나 이 말씀이 진정한 호몰로게오가 되게하기 위해서는 가난하게 만드는 마귀를 쫓아야 하는 것입니다. 왜냐하면 우리가 심었어도 마귀가 거두지 못하게 할 수 있기 때문입니다. 그러므로 우리가 여기서 알 수 있는 것은 우리가 진정으로 말씀을 호몰로게오로 바꾸었다는 것은 첫째로 말씀을 주어로 바꾸어야 하고 둘째로 행함이 있어야 하고 셋째로 축사를 해야 한다는 것입니다. 그러므로 우리가 기도할 때 반드시 이 세 가지를 겸해서 해야 되는 것입니다. 이렇게 할 때만 말씀이 레마로 역사 하는 것이며 기도응답을 받을 수 있는 것이기 때문입니다. 명심하시길 바랍니다.

5. 롬 10:10절의 시인이라는 부분을 히 4:14절과 잠 4:20~22절은 다르게 표현합니다.

제가 지금 드리려고 하는 부분은 아주 중요한 부분입니다. 잘 보시길 바랍니다. 롬 10:10절을 자세히 보면 "마음으로 믿고 입으로 시인하면" 구원(기도응답) 받는 것 같이 되어 있습니다. 그러나 히 4:20절과 잠 4:20~22절은 다르게 말합니다. 무슨 말인가 하면 롬 10:10절에는 한 번만 하면 구원(기도응답)을 받는 것 같이 되어 있지만 히 4:14절과 잠 4:20~22절은 그렇게 말하지 않습니다. 다시 말해 한 번 고백해서는 안 되는 것입니다. 호몰로게오한 말씀을 굳게 잡을 때만 구원을 받게 되는 것입니다.

히 4:14절 하반절을 보겠습니다. "우리가 믿는 도리를 굳게 잡을 지어다"라고 되어 있습니다. 이 말을 분석하면 여기서 "믿는 도리"라는 말은 헬라어로 호볼로기아 라는 말로 롬 10:10절의 시인이라는 호몰로게오라는 말과 같이 시인, 고백, 인정이라는 같은 뜻을 가지고 있습니다. 왜냐하면 이 호몰로기아라는 말을 분석을 하면 역시 호몰로게오와 같이 "호모"+"로고스"라는 말이 합성된 단어이기 때문입니다. 다시 말해 단어만 다를 뿐 그 속뜻은 같은 것입니다. 그리고 "굳게 잡는다"는 말은 크라데오라는 말로 취하다, 붙들다, 지니다라는 뜻으로 결국 취하고, 붙드는 것을 말하는데 이 말은 타동사가 아닌 자동사로 자기 자신이 말씀을 꼭 취하고 붙잡는 것을 말합니다. 누가 대신 붙잡아 주는 것을 말하는 것이 아닙니다.

자, 그렇다면 히 4:14절인 "우리가 믿는 도리를 굳게 잡을지어다"라는 말씀을 풀이해서 한 번 해석해 보겠습니다. 그러면 이런 뜻이 됩니다. "우리가 시인한 것을 굳게 잡아라"라고 됩니다. 무슨 말인가 하면 히 4:14절의 하반 절은 롬 10:10절의 연장선이라는 겁니다. 다시 말해 우리가 마음으로 믿고 입으로 시인했으면 이 한 번으로 구원(기도응답)에 이룰 수도 있지만 그렇지 않은 경우도 있는 것입니다. 그러므로 이때는 롬 10:10절의 "마음으로 믿고 입으로 시인한 그것을 굳게 잡아야 한다"는 것입니다. 이렇게 굳게 잡을 때만 문제가 해결되는 것입니다.

이를 잠언서 4:20~22절로 보면 "내 아들아 내 말에 주의하며 나의 이르는 것에 네 귀를 기울이라. 그것을 네 눈에서 떠나게 말며 네 마음속에 지키라. 그것은 얻는 자에게 생명이 되며 그 온 육체의 건강이 됨이니라" 되어 있습니다.

여기서 보면 말씀을 눈에서 떠나면 안되고, 마음으로 믿고 지키라는 것입니다. 그러면 그 말씀이 당신의 육체의 건강이 되는 것입니다. 그런데 여기서 건강이라는 말이 히브리어로 마르페라는 말인데 이 말은 "건강, 약, 치료"라는 뜻을 가지고 있습니다. 사람들이 암을 두려워하는 이유와 자살하는 이유는 마르페, 즉 약이 없기 때문에 두려워하는 것입니다. 만약 암에 약이 있다면 아마 암을 감기정도로 생각해 두려워하지 않을 것입니다. 그러나 암을 두려워하는 이유는 약이 없기 때문입니다. 그런데 잠 4:20~22절을 보면 모든 문제의 해결 방법은 말씀이라는 것입니다. 다시 말해 말씀이 모든 문제의 약이며 처방이라는 것입니다. 그것이 병이든 경제문제든 관계없이 말입니다. 그런데 이 처방인 약은 말씀을 마음으로 믿고 그것을 지키며(행함) 눈에서 떠나지 않을 때만 약이 되는 것입니다. 다시 말해 말씀을 눈에서 떠나지 않게 해야 그 말씀이 모든 문제의 약이 될 수 있는 것입니다.

이를 히 4:14절 식으로 표현을 하면 눈에서 떠나지 않게 하는 것은 바로 말씀을 굳게 잡는 것을 말하는 것입니다. 그러므로 잠 4:20~22절과 히 4:14질은 같은 말인 것입니다. 그러므로 우리가 모든 문제를 해결 받기 위해서는 이제부터 말씀을 굳게 잡고 마음으로 믿고 입으로 시인해야 하는 것입니다.

제가 믿음이라는 말은 피스티스라 해서 인정하기를 계속하다라고 말씀 드렸습니다. 다시 말해 믿는 다는 말은 과거완료가 아닌 현재진행형입니다. 이것을 우리는 신앙생활은 현재라고 말하는 것입니다. 이렇게 모든 문제는 현재진행형이 되게 만들어야 하는 것입니다. 다시 말해 이렇게 현재 진행형으로 만드는 것이 바로 말씀을 굳게 잡는 행위인 것입니다.

제가 중언 부언기도는 하지 말라고 했습니다. 주님이 금지 시켰기 때문입니다. 그러나 이제 우리가 해야할 것이 있는데 그것은 이렇게 세 가지 방법으로 호몰로게오로 바꾸어 놓고 밤이 새도록 굳게 잡아야 한다는 것입니다. 다시 말해 끊임없는 호몰로게오의 고백을 해야 하는 것입니다.

예를 들어보겠습니다.

1981년 조엘 오스틴의 어머니는 간암에 걸렸습니다. 의사들은 몇 주밖에 살지 못한다고 했습니다. 이 소식을 안 어머니는 불평과 패배의 말을 하는 대신 하나님의 말씀을 마음과 입에 두기 시작했습니다. 어머니는 믿음으로 충만한 말을 하기 시작했습니다. 건강과 치유를 외치는 어머니의 목소리를 하루 종일 들을 수 있었습니다.

"나는 죽지 않고 살 거야. 나는 하나님의 역사 하심을 선포할거야." 어머니는 걸어 다니는 성경이셨습니다.

언젠가 나는 이렇게 물었습니다.

"어머니, 도대체 어떻게 죽지 않으시겠다는 거예요?"

"애야, 나는 주님과 그분의 권한에서 누구보다도 강하단다." 어머니는 성경을 열심히 뒤지시다가 가장 좋아하는 치유의 말씀을 30~40개정도 찾아내 종이에 적어 매일 큰 소리로 읽고 선포하셨습니다.

어머니가 하나님의 말씀과 자신의 말을 섞어 사용하시자 놀라운 일이 일어나기 시작했습니다. 상황이 변하기 시작했습니다. 조금씩 병세가 호전되기 시작했습니다. 점차 식욕이 돌아오고 몸무게가 불어나기 시작했습니다. 내가 이 글을 쓰고 있는 지금 며칠밖에 살지 못한다는 사형선고를 받은 어머니가 20년 동안이나 살고 계십니다. 이렇게 우리가 말씀을 호몰로게로 고백하며 문제가 해결될 때까지 붙잡고 있으면 어떤 문제든지 다 해결됩니다.

2005년 9월 어느 날 제가 어느 곳에 가서 삼겹살을 먹었습니다. 그런데 그만 속이 불편해 지기 시작했습니다. 체했던 것입니다. 그래서 그날은 그냥 낫겠지 하고 지나갔습니다. 그런데도 계속 아팠습니다. 그래서 그 다음날 오늘은 내가 이 문제를 해결해야겠다고 생각했습니다.

그리고 벧전 2:24절을 가지고 호몰로게오로 고백하며 "나는 나았다"고 고백하기 시작했습니다.

"나는 아프지 않다. 나는 치료되었다. 그러므로 나는 누워 있지 않는다."

왜냐하면 벧전 2:24절과 마 8:17절에 의해 나았기 때문이다 하며 고백하며 할 일을 했습니다.

그런데 그날 밤이 되어도 체한 것이 해결되지 않고 통증이 왔습니다. 그래서 저는 생각했습니다. 내가 반드시 이 문제를 해결하겠다 하고, 어차피 아파서 잠을 못 잘 것이니. 이렇게 해도 못 자고 저렇게 해도 못 잘 바에야 내가 잠자지 않고 이 문제를 해결하겠다. 하며 말씀을 붙잡고 치료되었음을 밤이 세도록 축사를 하며 선포하기 시작했습니다. 날이 밝았습니다. 여전히 그렇게 말씀을 붙잡고 축사며 선포를 했습니다. 아침 9시 정도가 되었을 때 내 속에서 뭔가 뻥 뚫리는 느낌이 들었습니다. 그리고 저는 나았습니다. 이렇게 해서 해결된 것이 한두 번이 아니었습니다.

개척교회는 돈이 자주 떨어집니다. 저는 그때마다 말씀을 넣어 말씀을 붙잡고 기도했습니다. 그리고 마귀를 향해 "마귀야 !내 돈에서 손을 떼라고 축사하며 선포하고, 또 마귀에게 마귀야! 내 돈 내놓으라고 축사하며 선포했습니다. 그리고 천사를 향해 선포했습니다. 이렇게 밤이 새도록 잠을 자지 않고 했습니다. 그랬더니 돈이 왔습니다. 이렇게 해서 돈이 온 경우는 너무 많이 있습니다. 이런 식으로 해서 응답 받은 경우는 너무 많기에 이해를 돕기 위해 두 가지만 예를 든 것입니다.

결론

"요 15:7 너희가 내 안에 거하고 내 말이 너희 안에 거하면 무엇이든지 원하는 대로 구하라 그리하면 이루리라" 이 말씀을 앞에서 다시 설명 드린다고 했습니다.

다시 말해 "내 안에 거하게 하는" 방법을 말씀 드린다고 했습니다. 왜냐하면 말씀만 우리 속에 거하게 하기만 하면 기도 하는데로 주님이 응답을 주신다 했기 때문입니다.

이렇게 거하게 하는 방법이 말씀을 호몰로게오로 바꾸어 굳게 잡는 것을 말합니다. 이렇게 말씀을 호몰로게오로 바꾸어 굳게 잡는 것을 주님은 내 말이 너희 안에 "거하면" 이라고 말씀 하신것입니다. 이렇게만 하시면 어떤 기도도 다 응답을 받을 것입니다.

제가 말씀 드린 것 중에 중언부언 기도인 구걸식 기도는 하나님이 싫어하기에 하지 말라고 했습니다. 이렇게 구걸식으로 철야를 헤도 우리는 응납을 받지 못합니다. 그러나 요 15:7절식으로 우리 속에 하나님의 말씀이 거하게 하는 호몰로게오식으로 밤새도록 기도한다면 우리는 모든 응답을 다 받을 수 있는 것입니다.

제가 여기서 기도라 할 때 기도는 구걸이 아닌 하나님의 말씀을 굳게 잡고 말씀을 응용하여 감사하고 선포하는 것을 말합니다. 앞으로 두 장에 걸쳐 기도응답의 핵심을 더 다루고 마치겠습니다. 제가 기도하라 할 때는 감사기도와 선포기도를 말하는 것입니다.

제16장

감사 기도

기도응답의 핵심은 세 가지가 있는데 감사기도는 두 번째 핵심입니다. 또한 이 감사기도는 핵심이면서 기본이며 필수입니다. 그러므로 이번 장에서는 아주 중요한 내용을 다루려고 합니다.

어떤 분들은 중언부언 기도와 구걸기도를 하지 말라 하니까 그러면 무슨 기도를 합니까? 하고 질문하는 사람이 있습니다. 지금 다루려 하는 감사기도에 대하여 잘 알면 이 문제가 해결 될 것입니다.

1. 시제만 바로 알아도 기도응답은 따놓은 당상이다.

어떤 목사님은 말씀하시길 "성경의 시제만 바로 알면 기도응답은 따 놓은 당상" 이라는 것입니다. 시제만 바로 알아도 기도 응답은 이미 받아 놓은 것과 같다는 말입니다.

이순신 장군이 23전23승 전승을 할 수 있었던 것은 이겨놓고 싸

왔기 때문입니다. 기도에 있어서 이처럼 시제만 바로 알아도 마치 이겨놓고 싸우는 것과 같이 응답을 받을 수 있는 것입니다. 우리가 시제를 바로 알지 못하기 때문에 기도를 해도 응답을 받지 못하는 것입니다.

히 11장1절이 우리 개혁 성경에는 "믿음은 바라는 것들의 실상이요"라고 되어 있지만 NIV 성경에는 믿음이라는 말 바로 앞에 "지금"이라는 말이 들어 있습니다. 다시 말해 "지금" 믿음으로 바라는 것들을 실상으로 만들 수 있는 것입니다. "지금" 믿음으로 우리가 상상하는 것들, 기도한 것들, 소원하는 것들, 바라는 것들을 실상으로 만들 수 있는 것입니다.

이렇게 "지금 믿음으로" 문제를 과거로 만들 때 문제는 해결되는 것입니다. 우리가 성경을 자세히 보면 미래형인 "주세요, 주세요" 이렇게 말하는 것보다 과거로 취급하는 경우가 더 많습니다.

우리가 기도응답을 받지 못하는 이유는 과거를 미래로 취급하기 때문에 받지 못하는 것입니다. 성경은 문제에 대하여 과거로 말씀하시는데 우리는 미래로 말하고 기도하고 있기 때문입니다.

2. 성경은 현재 믿음으로 치유와 문제해결을 과거형으로 취급한다

엡 2:1 너희의 허물과 죄로 죽었던 너희를 살리셨도다

여기서 "너희의 허물과 죄로 죽었던 너희를 살리셨도다"라고 되어 있습니다. 이 말은 이미 영적으로 죽었던 우리, 이미 죽어서 지옥갈 수밖에 없는 우리를 2 천년 전에 주님이 십자가를 지셨기에 살아났다는 것입니다. 죄 사함의 문제도 이미 과거로 성경은 말하지 미래로 말하고 있지 않습니다. 미래가 아닙니다. 과거로 이미 끝난 사건으로 취급을 하고 있습니다.

막 11:24 그러므로 내가 너희에게 말하노니 무엇이든지 기도하고 구하는 것은 받은 줄로 믿으라 그리하면 너희에게 그대로 되리라

여기서 보면 "무엇이든지 기도하고 구하는(네기 원하고 길망하는 것은) 것은 받은 줄로 믿으라 그리하면 너희에게 그대로 되리라"라고 말하고 있습니다. 기도응답도 과거로 취급하고 있는 것입니다. 이렇게 기도도 과거로 취급하면 곧 바로 그대로 되게 해주신다고 말씀하십니다. "기도하고 구한 것은 받은 줄로 믿으라"라고 하며 "믿으라"라는 과거로 돌리라는 것입니다. 과거로 돌리면 응답이 오는 것입니다. 그런데 우리는 기도를 “주세요 ,주세요”하며 미래형으로 했지 않습니까? 그래서 기도 응답을 받지 못한 것입니다.

여기서 응답이 안 온다는 말은 100% 안 온다는 말이 아니라 20% 정도밖에 오지 않는 다는 말입니다. 기도응답은 이미 받은 줄로 믿는 과거로 취급해 놓아야 하는데 이렇게 놓는 것은 하나님이 하실 일이 아니라 우리가 할 일입니다. 그러면 그대로 되게 하시는데 이것은 하나님이 하실 일입니다. 우리는 우리가 할 일을 하고 하나님이 하실 일에 대해서는 월권 행위를 하지 않으면 됩니다. 다시 말해 우리가 할 일은 받은 줄로 믿는 과거 취급만 하면 되는 것입니다. 그러면 하나님은 바톤을 받아서 그대로 되게 하신다는 것입니다. 그런데 우리는 우리가 할 일을 못하고 있습니다. 왜냐하면 미래형으로 “주세요, 주세요” 하고 있기 때문입니다. 그래서 우리와 하나님과 바톤 터치가 안되고 있는 것입니다. 이렇게 바톤 터치가 안되니까 아버지께 응답을 받지 못하는 것입니다. 그러므로 기도응답을 받기 원한다면 바톤 터치를 빨리 해야 합니다. 이것이 바로 기도 응답의 관건입니다.

요 16:11 심판에 대하여라 함은 이 세상 임금이 심판을 받았음이니라

여기서 보면 “심판에 대하여라 함은 이 세상 임금이 심판을 받았

음이니라"라고 되어 있습니다. 세상 임금인 마귀가 미래에 심판을 받을 것이다 라고 되어있지 않고 과거형으로 이미 심판을 받았다 라고 되어 있습니다. 저는 이 말씀을 보면 항상 떠오르는 것이 있는데 그것은 저의 고향이 공주인데 저희 아버님이 표고 재배를 30년 가까이 했습니다. 하실 때마다 산의 나무를 사서 허가를 받고 벌매를 하셨는데 그때 참나무를 1m 30cm정도로 잘라놓습니다. 그러면 거기서 봄이 되면 나무가 톱으로 잘라져 있음에도 불구하고 싹이 납니다. 그러나 그 난 싹은 얼마가지 않아 뿌리가 없기 때문에 곧 죽습니다. 마귀가 심판을 받았다는 말은 곧 잘린 나무토막에 싹이 나왔다는 뜻입니다. 그 나무는 잠시 산 것 같이 보이지만 그러나 그냥 놔두면 곧 죽습니다. 이것이 마귀가 심판을 받았다는 말입니다. 마귀의 권세도 이렇게 성경은 과거로 취급하고 있습니다. 이미 마귀의 권세는 경기가 끝난 잘린 나무토막에서 싹이 난 것과 같은 그런 상태라는 것입니다. 그러므로 우리는 마귀를 두려워 할 필요가 없는 것입니다. 성경은 이렇게 마귀에 대하여도 과서완료로 취급하고 있습니다. 그러나 우리는 미래형으로 보기 때문에 마귀를 두려워하는 것입니다.

눅 10:19 내가 너희에게 뱀과 전갈을 밟으며 원수의 모든 능력을 제어할 권세를 주었으니 너희를 해할 자가 결단코 없으리라 여기서 보면 "내가 너희에게 뱀과 전갈을 밟으며 원수의 모든 능력을 제어할 권세를 주었으니 너희를 해할 자가 결단코 없으리라" 뱀을 집으며 모든 원수를 제어할 권세를 주었나니 라고 말씀하고 있습니다. 이는 한 마디로 우리에게 사탄을 제어할 모든 권세를 이미 과거에 주었다는 것입니다.

성령 받았을 때 주셨다는 말이 아닙니다. 행 1:8절을 보면 "오직 성령이 너희에게 임하시면 너희가 권능을 받고 예루살렘과 온 유대와 사마리아와 땅 끝까지 이르러 내 증인이 되리라 하시니라" 말씀하고 있습니다.

여기서 보면 성령을 받고 나서는 권능을 받았다고 했지 권세를 받았다고 하지 않고 있습니다. 이는 이미 권세는 성령 받기 전에 우리에게 주님이 주셨다는 말입니다. 권세도 이렇게 성경에서는 과거로 취급하고 있습니다.

그런데 우리는 그것을 미래형으로 취급해 권세를 주세요 하고 기도하고 있습니다. 아마 주님은 이런 기도에 대하여 이렇게 말씀하실 것입니다.

"내가 이미 너에게 다 주었는데 너는 또 나에게 무엇을 달라고 하느냐! 나 좀 그만 괴롭혀라 내가 너 때문에 괴로워 못 살겠다" 하고 말씀하실 것입니다.

신 8:18 네 하나님 여호와를 기억하라 그가 네게 재물 얻을 능을 주셨음이라 이같이 하심은 네 열조에게 맹세하신 언약을 오늘과 같이 이루려 하심이니라

여기서 보면 "네 하나님 여호와를 기억하라 그가 네게 재물 얻을 능을 주셨음이라" 하며 재물 얻을 능력을 하나님은 이미 우리에게 주셨다는 것이며 부유할 수 있는 자격을 이미 주었다는 것입니다. 그러나 우리는 그것을 과거형으로 취급하지 않고 있고 미래형으로 취급해 "주세요, 주세요" 하고 있다는 것입니다. 그러나 성경은 이미 과거 취급을 하고있습니다.

벧전 2:24 친히 나무에 달려 그 몸으로 우리 죄를 담당하셨으니 이는 우리로 죄에 대하여 죽고 의에 대하여 살게 하려 하심이라 저가 채찍에 맞음으로 너희는 나음을 얻었나니

여기서 보면 "저가 채찍에 맞음으로 너희는 나음을 얻었나니" 병의 모든 문제도 예수께서 채찍에 맞음으로 2 천년 전에 나았다는 것입니다. 이 말씀은 무슨 말씀입니까? 우리는 아무도 병든 사람이 없다는 것입니다. 2000년 전에는 병든 사람이 있었지만 주님이 채찍에 맞은 후부터는 병든 사람은 한사람도 없다는 말입니다. 그러

면 왜 병이 왔느냐는 것입니다. 이 문제에 대해서는 기도 응답전문 학교에서만 다루기로 하겠습니다. 벧전 2:24절을 보면 병에 대해 서도 역시 과거로 취급하고 있습니다. 그러나 우리는 병의 문제도 과거로 취급하지 않고 미래형으로 기도하고 있습니다. 그래서 병 에 걸려 있는 것입니다.

이렇게 성경은 모든 부분에 대하여 과거로 취급하고 있습니다. 우리가 문제시하고 있는 부분들마다 성경은 이미 과거 사건으로 돌 리고 있습니다. 우리가 현재 믿음으로 모든 문제를 과거화 시키면 응답은 이미 따 놓은 당상입니다.

민 14:6 그 땅을 탐지한 자 중 눈의 아들 여호수아와 여분네의 아들 갈 렙이 그 옷을 찢고

민 14:7 이스라엘 자손의 온 회중에 일러 가로되 우리가 두루 다니며 탐지한 땅은 심히 아름다운 땅이라

민 14:8 여호와께서 우리를 기뻐하시면 우리를 그 땅으로 인도하여 들이시고 그 땅을 우리에게 주시리라 이는 과연 젖과 꿀이 흐르는 땅이 니라

민 14:9 오직 여호와를 거역하지 말라 또 그 땅 백성을 두려워하지 말 라 그들은 우리 밥이라 그들의 보호자는 그들에게서 떠났고 여호와는 우 리와 함께 하시느니라 그들을 두려워 말라 하나

민 14장을 보면 가데스 바네아의 사건이 나옵니다. 이 사건은 한 마디로 반역 사건입니다. 12명의 정탐꾼을 보내고 그들이 돌아와 보고를 한 내용입니다. 그들은 말하길 우리는 여기서 죽는게 낫다고 말합니다. 그러나 여호수아와 갈렙만은 거기에 대해서 반대로 말합니다.

저는 이 문제를 다시 한 번 생각해 보았습니다. 왜 가나안에 정탐꾼을 보냈을까? "만약 정탐꾼을 가나안 땅에 보내지 않았다면 200만이나 되는 이스라엘 백성들이 광야에서 죽지 않고 다 들어갈 수 있었을 것인데 왜 보내 셨을까?"하고 저 나름대로 이 문제를 놓고 묵상을 하며 생각을 해보았습니다. 그랬더니 결론이 나왔습니다. 그것은 가나안 땅은 믿음 있는 자만 들어갈 수 있는 곳이라는 것입니다. 믿음 있는 자만 들어갈 수 있는 곳 그곳이 바로 가나안 땅이었던 것입니다.

이것을 기도측면에서 말씀드리면 기도응답은 모든 문제를 과거 완료화 시키는 사람만 받을 수 있다는 말입니다. 다시 말해 기도응답을 받을 수 있는 자는 믿음 있는 사람, 즉 지금 믿음으로 모든 문제를 과거 완료화 시키는 사람만 기도 응답을 받을 수 있는 것입니다. 그 이유는 여호수아와 갈렙의 말을 들어보면 알 수 있습니다. 여호수아 갈렙이 가나안 땅에 들어갈 수 있는 이유는 가나안 땅의 사건은 아직 미래의 사건입니다. 그러나 그들은 그것을 과거 완료화 시켰습니다. 민 14:9절을 보면 그들이 한 말이 나옵니다. "그들은 우리의 밥이요 그들의 보호자는 그들에게서 떠났고 여호와는 우리와 함께 하시느니라"라고 말합니다.

이렇게 그들은 미래의 문제를 과거 완료화 시켰습니다. 이것이 하나님 마음에 합하게 만들었고 이것이 그들을 가나안 땅에 들어가게 만들었습니다. 다시 말해 이렇게 문제를 과거로 취급한 여호수아와 갈렙만 가나안 땅에 들어간 것입니다. 이처럼 기도응답을 받을 수 있는 사람은 누구나 다 기도한다고 받는 것이 아니라 지금 믿음으로 모든 문제를 과거 완료화 시키는 자만 받는 것입니다.

3. 감사는 현재 믿음으로 문제를 과거 완료화 시키는 것이다.

시 50:23 감사로 제사를 드리는 자가 나를 영화롭게 하나니 그 행위를 옳게 하는 자에게 내가 하나님의 구원을 보이리라

여기서 보면 "감사로 제사를 드리는 자가 나를 영화롭게 하나니 그 행위를 옳게 하는 자에게 내가 하나님의 구원을 보이리라"라고 되어 있습니다. 저는 이 말씀을 읽으며 고민 했습니다.

그것은 여기서 감사가 헌금을 말하는 것인지 아니면 입술의 감사를 말하는 것인지 말입니다. 그리고 "그 행위를 옳게 하는 자 에게 라는" 말이 감사했으면 그 감사한 내용을 가지고 행동으로 옮겨야 되는 것인지 말입니다.

그런데 이 말씀의 뜻을 알고 싶어서 다른 번역성경을 보게 되었습니다. 그랬더니 다른 번역 성경에서는 시 50:23절의 감사는 헌금을 말하는 것이 아니라 입술의 감사를 말하는 것이었고, 그 행위를 옳게 하는 자라는 말은 감사했으면 그것을 행동으로 옮기라는 말이 아니라 감사와 행동으로 옮기는 것은 별개의 문장임을 발견하게 되었습니다. 그러므로 입술로 감사를 먼저 하면 하나님을 영화롭게 할 수 있고 이렇게 감사를 계속하다 보면 후에 자동적으로 행위가 따른다는 것입니다. 그래서 별개의 문장으로 되어 있는 것입니다.

막 11:24 그러므로 내가 너희에게 말하노니 무엇이든지 기도하고 구하는 것은 받은 줄로 믿으라 그리하면 너희에게 그대로 되리라

여기서 보면 "받은 줄로 믿으라" 하며 과거로 취급을 하고 있습니다. 그런데 이렇게 과거로 취급 할 때 "그대로 되게 하신다는" 응답이 오는 것입니다. 그러므로 받은 줄로 믿는 다는 말은 문제를 과

거 완료화 시켜 과거로 취급한다는 말입니다. 다시 말해 과거로 취급만 하면 기도응답은 따 놓은 당상이 되는 것입니다. 기도응답은 하나님이 그대로 되게 하시도록 하면 되는 것입니다. 이렇게 하나님이 그대로 되게 하시게 만드는 것이 과거 취급하는 것입니다.

그러면 어떻게 해야 모든 문제를 과거로 취급할 수 있느냐는 것입니다. 그것은 바로 감사입니다. 감사는 모든 문제를 과거 완료화 시키는 가장 좋은 방법입니다. 그러면 감사는 어떤 사람이 하느냐는 것입니다. 감사한다는 말은 이미 소유했기 때문에, 승리했기 때문에 하는 것입니다. 감사는 바로 받았기 때문에, 승리했기 때문에, 소유한자만 할 수 있는 것이 감사입니다.

그러나 믿음이라는 것은 아직 이루어지지 않았기에 필요한 것입니다. 다시 말해 믿음이라는 것은 아직 소유하지 못했기 때문에 응답 받지 못했기 때문에 필요한 것입니다. 믿음이라는 것은 받을 때까지 필요한 것이지 받고 나면 필요하지 않은 것이 바로 믿음이며, 받고 나서 필요한 것은 받았으니까 고맙습니다, 감사합니다 하기만 하면 되는 감사만 필요로 합니다.

예를 들면 12시에 기차역에서 만나기로 약속했다고 생각합시다. 그러면 만나기 전에는 믿음이 필요합니다. 그러나 만나고 나서는 서로 즐기기만 하면 되는 것입니다. 이와 같이 믿음이란 아직 소유하지 못했기 때문에, 응답을 받지 못했기 때문에 필요한 것이지 만약 소유했고 응답을 받았다면 이는 감사만 하면 되는 것입니다.

그러므로 우리가 모든 문제를 향해 감사한다는 것은 이미 모든 문제를 해결했다는 것이며, 소유했다는 것이며 승리했다는 것이며, 과거 완료 시켰다는 것입니다 다시 말해 감사하는 것은 벌써 문제가 해결 받았음을 고백하는 것입니다. 그러므로 감사기도는 하나님을 꼼짝못하게 하는 지혜로운 기도이며 한 수 앞을 미리 보고하는 기도입니다. 그래서 감사기도를 하면 하나님이 꼼짝 못하고 응답을 주게 되어 있는 것입니다.

왜냐하면 감사기도는 받은 줄로 믿기만 하는 정도가 아니라 그대로 되게 하신 것을 믿는 기도이기 때문입니다. 그래서 감사기도가 기도응답의 핵심이 되는 것입니다. 김치 국을 먹는 기도, 그것이 바로 감사기도입니다. 이렇게 감사는 문제를 완료형으로 보는 기도이기에 하나님이 어쩔 수 없이 응답을 주실 수밖에 없는 기도입니다. 막 11:24절을 보면 " 받은 줄로 믿으라 했는데" 여기까지는 믿음이 필요합니다. 그러나 "그대로 되게 만드는 것은" 감사입니다.

4. 감사는 하나님을 영화롭게 만드는 것입니다.

시 50:23절을 보면 "감사로 제사를 드리는 자가 나를 영화롭게 하나니”라고 되어 있는데 히 11:6절을 보면 믿음은 하나님을 기쁘시게 하는 유일한 것이라 말하고 있습니다. 그런데 믿음은 하나님을 기쁘시게는 하지만 하나님을 황홀지경에 빠지게 하지는 못하고, 하나님을 뿅 가게 하지는 못합니다. 그러나 감사는 하나님을 황홀지경에 빠지게 만들고, 하나님을 뿅 가게 만드는 것입니다. 왜냐하면 성경에서 영화라는 말이 나오면 이 말은 하나님을 최고로 기쁘시게 하신 것을 말하기 때문입니다. 한 마디로 기쁨의 극치 그것을 영화라고 하는 것입니다. 우리가 하나님을 최고로 기쁘시게 했다는 것은 하나님을 영화롭게 했다는 말입니다. 그러므로 우리가 영화라는 말을 쉽게 이해할 수 있는 단어는 황홀지경이나 뿅 이라는 표현입니다.

그런데 시 50:23절을 보면 이렇게 하나님을 영화롭게 만드는 것이 있는데 그것은 바로 입술로 날마다 하나님께 감사하는 것입니다. 다시 말해 감사는 하나님을 뿅 가게 만들고, 황홀지경에 빠지게 만드는 것입니다. 이렇게 감사는 엄청난 위력이 있습니다. 하나님을 최고로 기쁘시게 만드는 것이 감사입니다. 그러니 감사로 기도하면 하나님이 그 기도를 받지 않겠습니까? 감사하면 할수록 하나님이 황홀지경에 빠지는데 왜 응답을 주시지 않겠느냐는 것입니다.

저는 이 말씀을 생각하면 떠오는 것이 있습니다. 적당한 표현이 될지는 모르지만 술에 잔득 취한 아버지가 기분이 너무 좋아 자녀들이 요구하면 요구하는 데로 다 주머니에서 주는 것 그것이 생각이 납니다. 이렇게 감사하면 하나님이 너무 기분이 좋으셔서 하나님이 주머니에서 우리가 요구하면 요구하는 데로 무엇이든지 다 주신다는 것입니다. 이것이 감사입니다. 감사를 하면 문제를 과거 완료화 시키고 또한 감사를 하면 하나님이 뿅 가시니 이 얼마나 감사기도가 대단한 것입니까. 그래서 감사기도가 응답 받는 기도의 방법 중 핵심에 들어가는 것입니다.

살전 5:18 범사에 감사하라 이는 그리스도 예수 안에서 너희를 향하신 하나님의 뜻이니라

여기서 보면 "범사에 감사하라 이는 그리스도 예수 안에서 너희를 향하신 하나님의 뜻이니라"라고 말씀하고 있습니다. 감사라는 말에 이처럼 엄청난 뜻이 들어 있기에 범사에 감사하라는 것이며, 감사가 "너희를 향하신 하나님의 뜻"이라고 표현한 것입니다. 뜻이라는 말에는 이유가 없습니다. 그것은 명령이며 의무입니다. 왜냐하면 감사는 이처럼 하나님을 황홀하게 만든 것이기 때문입니다.

빌 4:6 아무것도 염려하지 말고 오직 모든 일에 기도와 간구로 너희 구할 것을 감사함으로 하나님께 아뢰라

여기서 보면 "오직 모든 일에 기도와 간구로 너희 구할 것을 감사함으로 하나님께 아뢰라"라고 말씀하고 있는데 이 말은 모든 기도와 간구를 할 때 반드시 약방의 감초처럼 기도의 감초가 있는데 그것은 바로 감사입니다. 모든 기도의 끝에는 감사라는 말을 넣어 기도하시기 바랍니다. 왜냐하면 감사가 하나님의 뜻이고 하나님을 영화롭게 하는 것이기 때문입니다. 그래서 그런지 예수님도 요 11:41절을 보면 감사하고 나서 나사로를 살렸습니다.

요 11:41절 "돌을 옮겨 놓으니 예수께서 눈을 들어 우러러보시고 가라사대 아버지여 내 말을 들으신 것을 감사하나이다"라고 말씀하고 있습니다. 다시 말해 주님은 감사하는 순간 나사로가 걸어 나오는 것을 환상 가운데 보았을 것입니다. 여기서 환상이란 상상 기도를 말합니다. 우리가 감사기도를 하면 자동적으로 따라오는 것이 있는데 그것은 받은 줄 믿는 그림인 환상입니다. 감사기도를 하면 이미 이루어진 상태가 그려집니다. 이것이 바로 환상기도, 상상기도라고 전에 말씀 드렸습니다. 그런데 감사기도를 하면 이상하게 얼굴에 미소가 생깁니다. 그것은 이미 받은 것이 상상(환

상)가운데 그림이 그려지기 때문입니다. 그러므로 감사기도를 하면 자동적으로 환상기도도 되고, 과거완료가 되고, 하나님을 영화롭게도 하니 이처럼 좋은 기도가 어디에 있겠습니까?

요 11:41절 주님이 이렇게 나사로를 놓고 기도할 때 나사로가 걸어 나오는 것이 감사기도 가운데 상상되었는데 주님이 이렇게 환상 가운데 본 그대로 나사로는 걸어 나왔습니다. 이처럼 감사기도는 응답을 끌어내리는 기도입니다.

찬양이라는 말은 헬라어로 여러 가지 단어가 있습니다. 그런데 그 중에 한 가지가 있는데 그것은 에파이노스라는 말인데 이 말을 풀이하면 에피라는 말은 위로라는 말이고 파이노스라는 말은 칭찬이란 말입니다. 다시 말해 하나님을 칭찬하는것 그것이 찬양이라는 것입니다. 그런데 이 하나님을 칭찬하는 말에 곡을 붙이면 찬양이 되고 이 하나님을 칭찬하는 말에 곡을 붙이지 않으면 감사가 되는 것입니다. 그러므로 결국 감사와 찬양이라는 말은 같은 말입니다.

어느 목사님은 말씀하시길 하나님을 찬양하고 감사하면 우리의 길을 막고 있는 마귀가 길을 열어 놓는 다는 것입니다. 우리가 감사하면 바로 마귀가 막고 있던 길을 열어 놓는 다는 것입니다. 그러니 감사기도가 얼마나 위력이 있습니까?

또 어떤 분은 말씀하시길 "감사는 마귀가 준 불안을 잠재우는 것
이라" 말하기도 합니다.

찰스갭스는 말하길 "우리가 기도응답을 받지 못하는 이유는 우
리가 문제를 기도하기 때문에 문제가 응답으로 왔다는 것입니다.
반대로 해답을 기도하면 해답이 온다는 것입니다. 다시 말해 우리
가 응답을 받기 위해서는 해답을 기도해야 하는데 그 해답이 바로
감사기도인 것입니다.

결론

1. 감사 기도의 특징에 대해서 결론적으로 정리해 드리겠습
   니다 .

첫째로 감사는 모든 기도를 과거 완료화시키는 기도입니다.

둘째로 감사기도는 승리한 사람만 할 수 있는 기도입니다.

셋째로 감사기도는 지혜로운 기도이며, 한 수 앞을 보는 기도이
       며, 환상을 보는 기도입니다

넷째로 감사기도는 하나님을 영화롭게 하는 기도입니다.

다섯째로 감사기도는 해답을 구하는 기도입니다.

2. 그런데 여기서 아주 중요한 말씀을 한 마디 드리고 마치겠
   습니다.

제가 중언 부언 기도인 구걸식 기도를 하지 말라고 말씀을 드렸
습니다. 그랬더니 어떤 분이 그러면 무슨 기도를 합니까? 했는데
그 해답이 바로 감사기도인 것입니다. 다시 말해 우리는 이제부터
모든 기도의 끝에는 감사라는 말을 넣어서 해야 합니다. "하나님
아버지-- 주세요"가 아니라 "하나님 아버지--- 주셔서 감사합니다"
라고 해야 하는 것입니다. 그러므로 우리가 지금까지 기도한 방법
에 이제는 "---주셔서 감사합니다"라고 기도해야 한다는 것입니다.
이런 방법으로 지금부터는 밤새워 기도해야 하는 것입니다. "---주
세요" 하는 기도는 중언부언 기도이지만 "--주셔서 감사합니다" 하
는 기도는 중언부언이 아닌 하나님을 기쁘시게 하는 기도입니다.
왜냐하면 감사함으로 구했기 때문입니다. 그러므로 이제부터는 중
언부인 식으로 기도를 하되 "주세요"가 아닌 "주셔서 감사합니다"
라고 하며 중언부언 식으로 해야 합니다.

우리는 어떻게 생각하면 그게 그것 아니냐고 말 할 수 있겠지만
이는 하늘과 땅의 차이입니다. 왜냐하면 "주세요" 하는 기도는 하
나님이 아예 처음부터 받지 않겠다고 맹세한 기도이고 "감사합니
다"하는 기도는 하면 할수록 하나님이 기뻐서 입이 벌어지게 하는 기
도이기 때문입니다. 그러므로 감사기도를 많이 하시길 바랍니다.

제17장

선포 기도

　지금 말씀 드리려고 하는 선포기도 역시 기도응답의 핵심 중에 핵심에 해당합니다. 그러니 이 책을 끝까지 잘 보시길 바랍니다. 이외에도 묵상과 방언기도와 지혜기도와 성령의 임재기도와 물질 문제 해결을 위한 기도는 다음 책인 2권과 3권과 4권과 권에서 다루기로 하겠습니다. 기도는 기본과 핵심이 있다고 말씀 드렸습니다. 기본은 기도할 때마다 반드시 거쳐야 하는 환상기도나 첫사랑 기도나 헌신기도나 몸으로 하는 기도나 축사기도나 천사기도를 말하고 핵심은 반드시 꼭 해야 하는 기도를 말합니다. 핵심이란 만약 기도를 한다넌 반드시 이와 같은 방법으로 해야할 것을 말합니다. 그 중에 한 가지가 레마이고. 말씀을 굳게 잡는 기도이고, 감사기도이고 그리고 마지막으로 지금 다루려 하는 선포기도입니다.

1. 선포라는 말의 뜻

선포라는 히브리어 단어의 뜻은 여러 가지가 있습니다. 그러나 그 중에 한 단어가 나오는데 그 단어는 바로 다바르라는 말입니다. 이 말은 우리가 말을 하면 말한 대로 그대로 실상에서 나타나는 것을 말합니다. 우리가 말만하면 현실로 그대로 되는 것을 다바르라고 합니다.

저는 이 다바르라는 말을 생각하면 떠오르는 것이 있는데 그것은 마이더스 터치라는 말입니다. 마이더스 터치라는 말은 무엇이든지 만지면 금으로 변한다는 말인데 바로 다바르라는 말이 그런 말입니다. 무엇이든지 예수의 이름을 가지고 선포하면 그대로 되는 것 그것이 바로 다바르의 역사입니다.

2. 우리가 말만하면 그대로 되는데는 세 가지 방법이 있다.

첫째는 지혜이고, 둘째는 영감, 셋째는 호몰로게오로 바꾼 말씀입니다. 이 세 가지 중의 하나만 가지고 선포해도 다바르의 역사는 나타납니다. 지혜를 가지고 선포를 하든, 영감을 가지고 선포하든, 말씀을 호몰로게오로 바꾸어 선포하든 결과는 똑 같이 다바르의 역사는 나타나는 것입니다.

첫째로 지혜를 가지고 선포하면 다바르의 역사가 나타납니다.

우리가 지혜를 가지고 있으면 성공 할 수 있습니다. 여러분이 지혜를 가지고 있으면 문제도 생기지 않고 만약 문제가 생기더라도 오히려 문제를 기회로 만들 수 있습니다. 이것이 바로 지혜입니다. 솔로몬은 지혜를 갖자 부귀영화가 따랐습니다. 지혜만 있으면 사람의 미래를 예언도 해줄 수 있고 지혜만 있으면 말만해도 그대로 이루어지는 다바르의 역사가 나타납니다.

지혜를 가지면 마치 세상이 자기 손안에 있는 것 같이 느껴집니다. 이 지혜 부분은 제가 가장 중요시 여기는 부분입니다. 우리가 실패하고, 하는 일마다 안 되는 이유가 바로 믿음이 부족해서가 아니라 어떤 때는 지혜가 부족해서 그런 경우가 더 많습니다.

지혜만 있으면 기도하지 않아도 문제를 해결할 수 있습니다. 우리가 기도하는 것 중 많은 부분은 지혜가 부족해서 문제가 된 것을 하나님께 해결해 달라고 기도하는 경우가 많습니다.

그러므로 지혜만 있으면 기도할 것이 많이 줄어들게 될 것입니다. 저는 개인적으로 목회와 물질의 문제는 기도보다는 지혜에 상당히 많은 부분이 속해있다고 생각합니다.

또한 실제적으로 지혜로 목회의 여러 문제나 물질의 문제를 해결한 경우가 많이 있기 때문입니다. 이 지혜 부분은 너무 소중해 제3권인 "한국의 탈무드"라는 책에서 아주 상세히 다루도록 하겠습니다.

다음 책에서 다룰 지혜 부분을 잘만 이해한다면 목회와 재정문제 해결에 굉장한 도움이 될 것입니다. 어째든 지혜를 가지면 기도하지 않아도 말 한대로 되는 다바르의 역사가 나타나는 것입니다.

둘째로 영감을 가지고 선포하면 다바르의 역사가 나타납니다.

① 영감이 있으면 말한 대로 선포한대로 그대로 됩니다.

우리에게 영감이 풍성하면 때로는 기도하지 않아도 말만 하면 말에 씨가 있는 것처럼 다바르의 역사인 마이더스 터치의 효과가 나타납니다. 그래서 영감이 풍성하다는 것은 굉장히 소중한 것을 가지고 있는 것이 되는 것입니다.

② 우리는 영감을 가져야 됩니다.

구약에서 성령을 루아크라고 합니다. 그러나 신약에서 성령을 하기오스 프뉴마라고 합니다. 그런데 구약에서 영감이라고 할 때는 루아흐라는 말로 쓰입니다. 영감이라는 말은 루아크의 숨결 또는 루아크의 호흡에 쐬인 것을 말합니다. 다시 말해 성령의 입김에 씌인 것을 바로 루아흐 영감이라 하는 것입니다. 우리가 성령의 입김인 루아크의 입김에 완전히 쓰여 있을 때 그 호흡 안에 있을 때 영감이 있게 되는 것입니다.

③ 엘리사는 엘리야에게 영감의 갑절을 구했습니다.

왕하 2:9절을 보면 "건너매 엘리야가 엘리사에게 이르되 나를 네게서 취하시기 전에 내가 네게 어떻게 할 것을 구하라 엘리사가 가로되 당신의 영감이 갑절이나 내게 있기를 구하나이다" 엘리사가 엘리야에게 구한 것은 돈을 달라 구하지도 않았고, 능력이나 권세를 달라고 구하지도 않았고 오직 영감을 갑절로 달라고 구했습니다.

우리 같으면 주님 일을 하기 위해서는 능력을 받아야 할 수 있사오니 능력주세요 했어야 합니다. 또는 은사가 있어야 주님 일을 할 수 있으니 은사를 주세요 했어야 됩니다. 아니면 축사를 해야 하오니 철장 권세를 주세요 했어야 정상이었습니다. 그러나 엘리사는 그런 것을 구하지 않고 오직 영감의 갑절만 구했습니다. 이렇게 영감의 갑절을 구했고 그 결과 영감을 갑절로 받은 엘리사는 엘리야보다 두배 더 하나님께 쓰임을 받았습니다. 이처럼 영감이란 소중한 것입니다. 그러므로 우리도 은사와 철장권세와 능력이나 예언은사를 받는 것보다 더 구할 것은 영감의 갑절입니다. 왜냐하면 이 영감을 갑절로 갖게되면 은사도, 철장권세도, 능력도 예언할 수 있는 능력도 다 갖게 되기 때문입니다.

④ 영감은 아주 중요합니다.

목회도 영감에 의해 좌우되고, 지혜도 영감이 풍성할 때 나오는 것이고, 재정의 문제도 영감이 풍성할 때 재정의 복을 받을 수 있기 때문입니다. 그러므로 이 영감을 가지면 성공할 수 있는 것입니다.

⑤ 영감에 대해서 말한 사람들

실존 철학자 야스퍼스는 말하길 사람이 한계상황에 부딪치면 자기가 얼마나 부족한 존재인지를 알게된다는 것입니다. 그래서 절대자이신 하나님 앞에 나가게 된다는 것입니다. 그러면 이때 하나님은 그에게 응답을 주시는데 그 응답은 암호식으로 주신다는 것입니다. 그런데 그 암호를 해독하는 것이 있는데 그것이 바로 영감이라고 합니다.

또한 어느 목사님은 영감은 하나님의 뜻을 쫓는 레이더라고 합니다. 그래서 우리가 실패하지 않으려면 영감만 쫓아가면 된다는 것입니다. 또한 어느 목사님은 영감에 대하여 말씀하시길 영감이란 성령이 우리 영 안에 거하시면서 우리 영에게 주시는 정보라는 것입니다. 성령이 주시는 정보 그게 바로 영감이라는 것입니다. 그러므로 영감을 제대로 쫓아만 갈 수 있다면 실패하지 않는 것입니다.

요즘 예언하시는 분들이 많이 있는데 환상으로 예언하는 분도 있고, 음성으로 예언하시는 분들도 있지만 어떤 분들은 영감을 가지고 예언을 하십니다. 이처럼 영감은 예언도 할 수 있을 정도로 중요합니다.

우리가 어떤 때는 말만해도 그대로 되고 어떤 때는 말을 해도 이루어지지 않을 때가 있습니다. 그 차이는 영감이 있을 때는 말만해도, 생각만 해도 이루어지지만 영감이 없을 때는 생각을 해도 응답이 오지 않고 말을 해도, 기도를 해노 응답이 오지 않는 것입니다.

여러분들 중에 어떤 분은 꿈만 꾸면 현몽이 되어 꿈이 그대로 이루어질 때가 있을 것이며 또 어떤 때는 꿈을 꿔도 잡몽만 꾸는 경우가 있을 것입니다. 이렇게 꿈이 현몽이 되는 경우도 역시 영감이 풍성할 때 꿈이 현몽이 되는 것입니다. 이렇게 영감은 중요한 것입니다.

바울은 영감으로 유라굴로 광풍이 올 것을 알았습니다.

행 27:10 말하되 여러분이여 내가 보니 이번 행선이 하물과 배만 아니라 우리 생명에도 타격과 많은 손해가 있으리라 하되

행 27:11 백부장이 선장과 선주의 말을 바울의 말보다 더 믿더라

행 27:12 그 항구가 과동하기에 불편하므로 거기서 떠나 아무쪼록 뵈닉스에 가서 과동하자 하는 자가 더 많으니 뵈닉스는 그레데 항구라 한편은 동북을, 한편은 동남을 향하였더라

행 27:13 남풍이 순하게 불매 저희가 득의한 줄 알고 닻을 감아 그레데 해변을 가까이 하고 행선하더니

행 27:14 얼마 못되어 섬 가운데로서 유라굴로라는 광풍이 대작하니

행 27:20 여러 날 동안 해와 별이 보이지 아니하고 큰 풍랑이 그대로 있으매 구원의 여망이 다 없어졌더라

행 27:21 여러 사람이 오래 먹지 못하였으매 바울이 가운데 서서 말하되 여러분이여 내 말을 듣고 그레데에서 떠나지 아니하여 이 타격과 손상을 면하였더면 좋을 뻔하였느니라

행 27:10~14,20~21절을 보면 바울이 유라굴로 태풍이 밀려올 것을 알고 백부장에게 그 사실을 말하는 장면이 나옵니다. 그런데 백부장은 바울의 말을 듣지 않고 선장과 선주의 말을 듣고 항해를 합니다. 그러다 바울의 말대로 유라굴로 태풍을 만나 생명까지도 위험할 정도로 많은 사람들이 고난을 겪습니다. 그런데 이 부분에 대하여 어느 목사님은 말씀하시길 바울이 이렇게 태풍이 밀려올 것을 안 것은 하나님이 환상이나, 음성 가운데 가르쳐 준 것이 아니라 내적 증거인 영감으로 그것을 알았다는 것입니다. 이렇게 영감을 소유하면 미래의 사건도 알아낼 수 있는 것입니다.

제가 믿음과 진리편에서 말씀 드리길 믿음이란 원래 내 것이다 그러나 믿음이 은사적인 것이 있다고 말씀했습니다.

"고전 12:9 다른 이에게는 같은 성령으로 믿음을, 어떤 이에게는 한 성령으로 병 고치는 은사를" 여기서 보면 믿음의 은사가 나오고 있습니다.

믿음을 내 믿음이라 할 때는 내가 말씀을 믿어서 행동으로 옮겨 응답이나 표적을 체험하는 것을 말합니다. 그러나 성령으로 말미암아 주신 믿음의 은사라 할 때는 이렇게 내가 말씀을 가지고 억지로라도 믿는 것을 말하는 것이 아니라 그냥 저절로 믿이지는 것을 말합니다. 그냥 기도하지 않아도 저절로 믿어지는 것이 있습니다. 이렇게 저절로 믿어지는 믿음을 가리켜 은사적인 믿음이라 합니다. 그런데 이 저절로 믿어지는 은사적인 믿음은 바로 영감이 풍성할 때 오는 것입니다. 다시 말해 은사적인 믿음은 영감에서 오는 것입니다. 이렇게 영감으로 오면 바울이 유라굴로 태풍이 올 것을 확신한 것 같이 확신이 생깁니다. 이렇게 저절로 믿어지고 확신이 생기는 믿음을 은사적인 믿음이라 하는 것입니다.

자, 그런데 아주 중요한 것이 있습니다. 그것은 이런 능력이 있는 영감은 어디에서 왔느냐는 것입니다. 그것은 바로 성령으로부터 오는 것입니다. 다시 말해 성령의 임재안에 있을 때 이런 엄청난 영감이 오는 것입니다. 우리가 성령의 임재 가운데 오래 있으면 생각만 해도, 말만해도, 기도만 해도 그냥 응답이 옵니다. 그러므로 이런 영감을 갖기를 원한다면 다른 방법은 없습니다. 성령의 품안에 오래 있으시면 됩니다.

어떤 분은 말하길 임재 가운데 있기만 하면 모든 문제가 다 해결될 수 있다고 말씀하시기도 합니다. 성령의 임재기도 부분도 너무 소중한 부분입니다. 그래서 제4권인 "임재기도의 힘, 생각만 해도 응답 받는다"라는 책에서 구체적으로 다루도록 하겠습니다. 저는 지금 하루에 보통 4시간을 기도합니다. 어떤 때는 그 이상을 합니다. 그런데 이 4시간 중 3시간 30분은 성령의 임재 가운데 있기만 합니다. 만약 2시간을 기도한다면 1시간 30분을 성령의 임재 가운데 있습니다. 그리고 나머지 30분 정도는 임재 가운데 감사와 말씀을 굳게 잡고 선포하고 끝냅니다. 그런데 이렇게 성령의 임재 가운데 오래 있으면 생각만 하더라도 그냥 응답이 옵니다.

이런 경우는 하도 많아서 일일이 다 말할 수 없습니다. 그러므로 여러분들이 말한 대로 그대로 되는 다바르의 역사와 생각만 하더라도 응답을 받고 싶으면 성령의 임재 가운데 오래 있으시길 바랍니다. 그러면 영감이 갑절로 충만해 집니다. 이런 상태에서 선포를 하면 그대로 다바르의 역사가 나타나는 것입니다.

셋째로 말씀을 호몰로게오로 바꾸어 선포하면 다바르의 역사가 나타납니다.

지금까지 선포기도 중 지혜와 영감을 가지고 다루었는데 어떤 사람은 이렇게 말할 수 있습니다. 나는 지혜도 없고, 영감도 없는데 그러면 선포기도를 할 수 없느냐고 말입니다.

그래서 지금 호몰로게오 선포기도를 말씀드리려고 합니다. 왜냐하면 이는 누구나 할 수 있는 기도이기 때문입니다.

찰스 캡스는 혀의 창조적 능력이라는 책에서 말하길 "우리가 하나님의 말씀을 인용해서 선포하면 이는 마치 하나님이 천지를 창조할 때 해와 달과 별을 향해 있으라" 할 때 창조된 것 같은 창조의 능력이 있다는 것입니다.

다시 말해 우리가 하나님의 말씀을 인용해서 선포하면 이는 천지를 창조하는 것 같이 창조의 능력이 있다는 것입니다. 하나님의 말씀을 인용해서 선포한다는 말은 말씀을 호몰로게오로 바꾸어 놓고 그것을 계속해서 인용하는 것을 말합니다.

예를 들면 벧전 2:24절에 "예수께서 채찍에 맞음으로 나는 나았다" 하는 것은 호몰로게오로 바꾸어서 고백하는 고백입니다. 그런데 이것을 인용한다는 말은 예수께서 채찍에 맞음으로 나았기에 나는 아프지 않다, 나는 건강하다 하고 이런 식으로 계속 고백하는 고백을 인용이라 하는 것입니다.

찰스 캡스는 이렇게 하나님의 말씀을 인용해서 고백하는 것은 하나님이 천지를 창조한 것 같이 천지창조의 능력이 있다는 것입니다. 이렇게 하나님의 말씀을 인용해서 고백한다는 것은 중요한 기도입니다. 선포란 바로 이렇게 하나님의 말씀을 호몰로게오로 바꾸어 인용해서 하는 고백을 말합니다.

겔 37:1 여호와께서 권능으로 내게 임하시고 그 신으로 나를 데리고 가서 골짜기 가운데 두셨는데 거기 뼈가 가득하더라

겔 37:2 나를 그 뼈 사방으로 지나게 하시기로 본즉 그 골짜기 지면에 뼈가 심히 많고 아주 말랐더라

겔 37:3 그가 내게 이르시되 인자야 이 뼈들이 능히 살겠느냐 하시기로 내가 대답하되 주 여호와여 주께서 아시나이다

겔 37:4 또 내게 이르시되 너는 이 모든 뼈에게 대언하여 이르기를 너희 마른 뼈들아 여호와의 말씀을 들을지어다

겔 37:5 주 여호와께서 이 뼈들에게 말씀하시기를 내가 생기로 너희에게 들어가게 하리니 너희가 살리라

겔 37:6 너희 위에 힘줄을 두고 살을 입히고 가죽으로 덮고 너희 속에 생기를 두리니 너희가 살리라 또 나를 여호와인 줄 알리라 하셨다 하라

겔 37:7 이에 내가 명을 좇아 대언하니 대언할 때에 소리가 나고 움직이더니 이 뼈, 저 뼈가 들어 맞아서 뼈들이 서로 연락하더라

겔 37:8 내가 또 보니 그 뼈에 힘줄이 생기고 살이 오르며 그 위에 가죽이 덮이나 그 속에 생기는 없더라

겔 37:9 또 내게 이르시되 인자야 너는 생기를 향하여 대언하라 생기에게 대언하여 이르기를 주 여호와의 말씀에 생기야 사방에서부터 와서 이 사망을 당한 자에게 불어서 살게 하라 하셨다 하라

겔 37:10 이에 내가 그 명대로 대언하였더니 생기가 그들에게 들어가매 그들이 곧 살아 일어나서 서는데 극히 큰 군대더라

겔 37장을 보면 에스겔이 하나님의 말씀을 가지고 뼈들아! 맞추어져라 하니까 뼈들이 맞추어 졌고 살아 생겨라! 하고 선포하자 살이 생겼고 힘줄아! 생겨라 하니까 힘줄이 생겼고 생기야! 생겨라 하니까 생기가 생겼습니다.

이렇게 대언 선포기도는 창조적 능력이 있는 것입니다. 대언 선포기도란 호몰로게오를 말하는 것입니다. 이렇게 말씀을 호몰로게오로 선포하면 선포한대로 그대로 되는 창조의 능력이 나타나는 것입니다. 우리가 말에는 씨가 있다, 말대로 된다 라고 말하는데 아무 말이나 다바르의 역사인 마이더스 터치의 역사가 나타나는 것이 아니라 하나님의 말씀을 붙잡고 할 때만 다바르의 역사, 창조의 역사가 나타나는 것입니다.

우리가 기도해도 아무 일도 일어나지 않은 이유는 고백은 많이 했지만 명령을 하지 않았기 때문입니다. 다시 말해 우리가 감사기도하고 긍정적인 말을 해도 응답이 오지 않는 것은 선포를 하지 않아서 그런 것입니다.

요 11:41~43절을 보면 "돌을 옮겨 놓으니 예수께서 눈을 들어 우러러보시고 가라사대 아버지여 내 말을 들으신 것을 감사하나이다. 항상 내 말을 들으시는 줄을 내가 알았나이다 그러나 이 말씀 하옵는 것은 둘러선 무리를 위함이니 곧 아버지께서 나를 보내신 것을 저희로 믿게 하려 함이니이다. 이 말씀을 하시고 큰 소리로 나사로야 나오라 부르시니. 죽은 자가 수족을 베로 동인 채로 나오는데 그 얼굴은 수건에 싸였더라 예수께서 가라사대 풀어놓아 다니게 하라 하시니라"라고 말씀하고 있습니다.

이 말씀을 자세히 보면 주님이 나사로의 무덤 앞에서 환상기도와 감사기도를 했습니다. 그런데 중요한 것은 이렇게 환상기도와 감사기도를 주님이 하셨다고 해서 나사로가 무덤에 나온 것이 아닙니다. 나사로가 무덤에서 나온 결정적인 이유는 43절인 "나사로야" 나오라 하는 선포 때문에 44절 나사로가 나온 것입니다. 그러므로 선포기도는 감사기도보다 한 수 위에 있는 기도입니다. 이렇게 선포기도에는 권세가 있는 것입니다.

그래서 찰스캡스는 우리의 혀에는 천지를 창조하는 것과 같은 창조의 능력이 있다고 한 것입니다.

요 14:14 내 이름으로 무엇이든지 내게 구하면 내가 시행하리라

여기서 보면 "만일 너희가 내 이름으로 구하면 내가 시행하리라"라고 되어 있습니다. 그런데 여기서 "구하면"이라는 말은 헬라어로 "아이테오"라는 말로 되어 있는데 이 말은 "요구하다, 명령한다"라고 되어있습니다. 우리가 보기에는 요구하다와 명령한다라는 말이 다른 단어같이 보이지만 이 말은 같은 말입니다. 다시 말해 하나님을 향해 요구하는 것은 구하는 것입니다. 그러나 마귀를 향해 요구한다는 말은 명령한다는 말로 축사를 말하고 천사를 향해

요구한다는 말도 명령한다는 말입니다.

우리가 하나님을 향해서 요구할 때 명령할 수 없지 않습니까? 그래서 "요구하다"라고 하는 것입니다. 이처럼 요구하다라는 단어는 어디에 쓰이느냐에 따라 명령이 될 수 있고, 기도가 될 수도 있는 것입니다. 우리가 이렇게 마귀나 천사나 내 육체와 자연에게 명령하는 것을 가리켜 선포라 하는 것입니다. 또한 요 14:14절을 보면 "시행하리라"라고 되어 있는데 이 말은 헬라어 "포이에오"라는 말로 이 말은 "만들다"라는 뜻으로 되어 있습니다.

그런데 여기서 요 14:14절의 "구하라"라는 말은 우리가 생각하는 구걸식기도인 하나님께 요구하는 것을 뜻하는 것이 아니라 마귀나, 천사나, 우리 몸이나, 모든 문제나, 우주만물을 향해 선포하는 명령을 말하는 것으로 해석해야 합니다. 자, 그렇다면 요 14:14절 말씀을 다시 해석해 보겠습니다. 이 말씀을 다시 해석을 하면 "너희가 내 이름으로 선포하면 내가 만들어서 주겠다"라는 말로 해석이 됩니다. 우리가 이렇게 주님의 이름을 가지고 선포하면 주님은 천사를 통해, 창조라도 해서 응답을 주시고, 육체의 질병을 향해 선포하면 질병이 치료 되게 하고, 우주만물을 향해 우리가 예수의 이름으로 선포하면 바람과 풍랑이 순종하게 되고, 마귀를 향해 선포하면 마귀가 피하게 된다는 것입니다.

　그래서 선포가 이렇게 중요한 것입니다. 그러므로 질병이나 문제가 있으면 예수이름을 가지고 선포 하십시요. 그러면 주님은 천사를 통해 우리의 요구가 시행되도록 해 주십니다. 요 14:14절의 기도는 구걸기도가 아닌 선포기도를 말하고 있습니다. 우리가 기록된 로고스의 말씀을 레마의 말로 바꾸어 선포하면 하나님의 입에서 나온 레마의 말씀과 똑 같이 역사 하는 것입니다. 다시 말해 말씀을 호몰로게오로 바꾸어 인용하여 선포하면 마치 하나님이 레마로 천지를 창조한 것 같이 우리의 말도 레마가 되어 창조적 역사가 나타나게 되어 환경과 문제를 변화시키게 되는 것입니다. 그러므로 모든 기도는 언제나 선포식으로 해야 되는 것입니다.

　철야기도를 하더라도 이제는 말씀을 호몰로게오로 바꾸어 선포하며 철야해야 응답이 오는 것입니다. 이렇게 선포는 중요합니다. 텔레비젼 프로중 신화창조라는 프로그램이 있어 잠시 본적이 있는데 그 내용은 브라질에서 엘지전자가 가전제품의 75%을 점유했다는 내용이었습니다. 그래서 저는 어떻게 엘지전자가 브라질 시장의 75%을 점유했나 유심히 보았습니다. 그런데 놀라운 장면이 보였습니다. 그것은 사원들이 아침에 출근을 하면 함께 하는 말이 있는데 그것은 "할 수 있다. 우리는 브라질을 정복할 수 있다"라고 선포하는 것이 있었습니다. 저는 깜짝 놀라 충격을 받았습니다. 여러

분들은 그냥 보았을지 모르지만 저는 그렇지 않았습니다.

왜냐하면 그들은 예수 믿지 않는 사람들이었습니다. 그러나 선포의 원리를 알고 했는지 모르고 했는지 모르지만 그들은 선포하고 있었던 것입니다. 그들이 그렇게 몇 년을 선포한 그대로 브라질의 전자제품시장의 75%를 점유했습니다. 선포의 능력은 이렇게 엄청납니다. 그들은 믿지 않는데도 선포했습니다. 그러자 그대로 되었습니다.

사실 이 선포는 우리 믿는 자들이 해야 할 것인데 어떻게 우리 믿는 자들은 하지 않고 믿지 않는 불신자들이 사업장에서 우리가 해야할 것을 빼앗아 하는지 모르겠습니다.

우리가 해야 할 선포기도는 빼앗겨서 세상 사람들이 영업장에서 하고 우리는 거지처럼 구걸기도만 하고 있습니다. 그러므로 이제 우리는 구걸기도를 멈추고 선포로 기도하시길 바랍니다. 그러면 만족할 만큼 응답을 받기 시작 할 것입니다.

주님은 우리에게 요 14:14절과 요 11:43절을 통해 선포하라 말씀하고 있습니다. 그렇다면 우리는 주님의 명령에 순종해서 선포해야 합니다. 이제부터 우리는 철야하면서 밤이 세도록 구걸기도가 아닌 감사하며 선포하며 기도하시길 바랍니다. 그러면 엄청난 응답을 받게 될 것입니다.

선포하는 방법은 첫째로 지혜를 가지고 선포할 수 있고, 둘째로 영감을 가지고 선포할 수 있고, 새째로 말씀을 인용해서 선포할 수 있습니다.

그러나 오늘 제가 드리고 싶은 말씀은 말씀을 인용해서 선포하라는 것입니다. 그러면 다바르의 역사인 마이더스 터치의 역사가 나타나는 것입니다. 저는 선포기도를 통해 얼마나 많은 응답을 받았는지 모릅니다. 어떤 때는 제가 선포해 놓고 때로는 까무라치도록 놀라 자빠질 정도로 응답 받을 때가 많이 있습니다.

저는 기도할 때 90%는 성령의 임재 가운데 있고 나머지 기도는 이렇게 감사기도와 선포기도로 하고 마칩니다. 그러면 얼마나 응답이 많이 오는 줄 모릅니다. 제가 이해를 돕기 위해 두 가지 예를 들고 마치도록 하겠습니다.

물은 답을 알고 있다라는 책을 보면 물을 향해 "사랑한다" 하고 선포하면 물의 입자가 사랑하는 모습을 띤 정육각형으로 변하지만 물을 향해 "사탄아" 하고 선포 하면 물의 입자가 갑자기 정육각형에서 사탄의 모습으로 바뀌는 것이 나옵니다. 우리 생각으로는 물은 죽어 있는 것 같지만 사실은 살아 있고 또한 귀가 있다는 것입니다. 그래서 우리가 말을 하면 듣고 있다는 것입니다. 저는 이 내용을 보고 밥을 먹을 때마다 음식들을 향해 예수이름으로 선포합니다. "음식들아! 너희들은 내 몸에 들어가서 약이 될찌어다" 하고 말입니다. 그래서 그런지 저는 음식을 먹고 채하는 경우가 거의 없고 이제까지 영양제나 보약을 한 번도 먹지 않았지만 아주 건강하고 어떤 병도 없습니다. 이렇게 우리가 예수의 이름을 가지고 선포하면 음식조차도 우리 몸에 들어가 약으로 역사하는 것입니다. 그러므로 여러분들도 음식을 먹을 때 그냥 먹지 말고 예수 이름을 가지고 음식에게 선포하며 먹으십시오. 그러면 병든 사람은 병이 치료되는 것을 느낄 것이며 건강한 사람들은 더 건강하게 될 것입니다.

어느 날 어떤 분이 말씀하시길 "이 교회는 왜 이렇게 병든 사람이 많아"하는 소리를 들었습니다. 이 말을 듣는 순간 저는 생각해 보았습니다. 아니! 성도들이 아픈 것도 목사의 책임인가? 하고 말입니다. 그런데 그때 성도들이 병든 사람이 많은 것은 목사의 책임이라는 말을 들었던 기억이 났습니다. 그래서 그날부터 마귀를 행해 축사로 선포하고 돕는 영들을 향해 선포하기 시작했습니다. 마귀야 너는 우리 교회 성들에게서 떠나가라! 너는 어떤 질병이나, 불치병이나, 시험이나, 사고로 역사하지 말아라! 하며 축사 선포했습니다. 그리고 돕는 영들을 향해서 돕는 영들아! 너희들은 우리 성도들을 사고 나지 않도록 안전으로 조치를 취하라! 돕는 영들아 너희들은 우리 성도들이 불치병과, 질병에 걸리지 않도록 조치를 취하라! 돕는 영들아 너희들은 우리 성도들이 마귀로부터 시험에 들지 않도록 조치를 취하라! 하며 선포했습니다.

그런데 놀라운 일들이 일어나기 시작했습니다. 병들어 입원했던 분이 퇴원을 하기 시작했고 다리가 아파 절었던 분이 치료되기 시작했고 성도들이 건강해 지기 시작했습니다. 그래서 지금은 저희 교회 성도들 중에 중병에 걸려 입원한 분이 없습니다. 그리고 성도들 중에 사고로 고생하는 분도 없습니다. 이런 일들은 너무 흔하기에 간증하자면 끝이 없습니다. 그러므로 여러분들도 기도응답을 체험하시길 바란다면 구걸기도를 멈추시고 말씀을 붙잡고 감사하고 선포하시길 바랍니다. 그러면 변화가 오기 시작하고 때로는 놀라 자빠질 정도로 응답을 받게 될 것입니다.

모든 것은 첫술에 배부를 수 없습니다. 감사기도와 선포기도도 역시 그렇습니다. 한 번 해보고 안 된다고 포기하지 말고 계속 해보십시오 그러면 응답이 오기 시작할 것입니다.

퍼즐 흐레마 성경전문 학교는(퍼즐 흐레마 성경 전문학교 다음 카페:http://cafe.daum.net/dhbsik) 그 동안 진행되었던 기도응답 전문학교와 번제 투자 연구소에서 강의해 오던 재정 문제뿐 아니라 22년 동안 해오던 원어 분석 성경공부인 스데반 성경공부를 다 포함해 진행되는 단어 분석 전문 학교입니다. 퍼즐 흐레마 성경 전문학교에 대하여 좀 더 말씀 드리자면 우리가 보는 성경은 다 단어들이 서로 연결되어, 성경의 요절과 장이 되었고 더 나가서는 66권의 성경이 되었습니다. 그래서 성경에 나와 있는 단어의 깊은 뜻만 완벽하게 이해하면 성경을 30독 100독하지 않아도, 누구나 빠른 시일 내에 성경전체를 완벽하게 이해하고 정립 할 수 있게 됩니다. 저는 이것에 착안해서 22년 동안 때로는 몇 시간, 때로는 24시간 성경 속의 단어를 정립하고, 묵상하는데 세월을 보냈습니다. 그리고 이것을 정리 정립하여 드디어 책으로 출판하게 되었고, 또한 매주 목요일 오후2시에 무료로 강의를 진행하게 되었습니다.

저의 책의 특징은 시리즈로 다 연결되어 반복은 10%-20%정도 밖에 되지 않고 있습니다. 그러므로 지금까지 나온 12권의 책을 다 읽어 보셔야 진채 문맥을 잡을 수 있게 됩니다. 만약 이중에 한 권이라도 빼놓고 보시면 아마 듬성듬성 이가 빠진 것 같은 느낌이 들 것이며, 전체 문맥을 잡기 어려울 것입니다. 다소 무리가 되시더라도 12권의 책을 꼭 읽어보시길 바랍니다. 또한 저의 책의 특징은 언제나 핵심을 중간부터 마지막까지 두고 있다는 것을 아시고, 저의 책을 대하시면 책 내용을 이해하시는데 많은 도움이 되실 것입니다.

나는 기도응답을 100% 받고 있다

개정판 1쇄 2013년 3월 29일

지은이 | 오유식
펴낸이 | 채주희
펴낸곳 | 엘맨
출판등록 | 제10-1562호
주소 | 서울시 마포구 신수동 448-6
출판등록 | 제10-1562호(1985.10.29)
전화 | Tel. 02-323-4060, 02-322-4477
팩스 | Tel. 02-323-6416, 080-088-7004
이메일 | elman1985@hanmail.net

ISBN 978-89-5515-476-4
값 12,000원